Sarah Steidl

Im literarischen Grenzland Europas?
Der Balkan in deutschsprachigen Texten der Gegenwart

Sarah Steidl studierte Germanistik, Philosophie und Erziehungswissenschaften an der Universität Hamburg mit Studienaufenthalten in Istanbul und Sofia. Von 2015 bis 2016 war sie Wissenschaftliche Mitarbeiterin im Stiftung Mercator-Forschungsprojekt „Geteilte Erfahrung Migration im deutsch-türkischen und türkischen Film"; seit 2016 ist sie Stipendiatin im Doktorandenkolleg Geisteswissenschaften in Hamburg. Dort arbeitet sie an ihrem Promotionsprojekt zu Fluchtnarrativen in der deutschsprachigen Gegenwartsliteratur. Zu ihren Forschungsinteressen zählen Phänomene zeitgenössischer Literatur (z. B. Formen der Mehrsprachigkeit und Grenzen nationaler Identifizierung).

Sarah Steidl

Im literarischen Grenzland Europas?

Der Balkan in deutschsprachigen Texten
der Gegenwart

Neofelis Verlag

Bibliografische Information der Deutschen Nationalbibliothek
Die Deutsche Nationalbibliothek verzeichnet diese Publikation in der Deutschen Nationalbibliografie; detaillierte bibliografische Daten sind im Internet über http://dnb.d-nb.de abrufbar.

© 2017 Neofelis Verlag GmbH, Berlin
www.neofelis-verlag.de
Alle Rechte vorbehalten.

Umschlaggestaltung: Marija Skara
Lektorat & Satz: Neofelis Verlag (fs/ae)
Druck: PRESSEL Digitaler Produktionsdruck, Remshalden
Gedruckt auf FSC-zertifiziertem Papier.
ISBN (Print): 978-3-95808-124-6
ISBN (PDF): 978-3-95808-175-8

Für meine Eltern

Inhalt

Siglenverzeichnis

ZS	Ingeborg Bachmann: Drei Wege zum See [edierte Druckfassung]. In: Dies.: *„Todesarten"-Projekt. Kritische Ausgabe*, unter d. Leitung v. Robert Pichl, hrsg. v. Monika Albrecht / Dirk Göttsche, Bd. 4: Der „Simultan"-Band und andere späte Erzählungen. München: Piper 1995, S. 311–471.
GL	Marica Bodrožić: *Das Gedächtnis der Libellen*. München: btb 2012.
WR	Peter Handke: Eine winterliche Reise zu den Flüssen Donau, Save, Morawa und Drina oder Gerechtigkeit für Serbien. In: Ders.: *Abschied des Träumers vom Neunten Land*. Frankfurt am Main: Suhrkamp 1998, S. 33–161.
MN	Peter Handke: *Die morawische Nacht*. Frankfurt am Main: Suhrkamp 2008.
LS	Karl May: Durch das Land der Skipetaren. In: Ders.: *Werke*, hrsg. v. Hermann Wiedenroth / Hans Wollschläger, Abt. IV: Reiseerzählungen. Nördlingen: Greno 1988.
WG	Saša Stanišić: *Wie der Soldat das Grammofon repariert*. München: btb 2008.
DS	Juli Zeh: *Die Stille ist ein Geräusch. Eine Fahrt durch Bosnien*. München: btb 2003.
LM	Juli Zeh: Leere Mitte (2011). In: Dies.: *Nachts sind das Tiere*. Frankfurt am Main: Schöffling 2014, S. 171–176.

I.
Einführung

> Der Krieg in Jugoslawien hatte gerade begonnen, niemand konnte es glauben, dass so etwas *in Europa* geschehen konnte. Das sagten sie jedenfalls alle, in Europa, so sagten sie das, als könnte das Wort an sich den Krieg rückgängig machen. (GL 206)

1. *In medias res*: Wo liegt der Balkan?

Die Jugoslawienkriege der 1990er Jahre „haben das Friedensprojekt Europa in seinen Grundfesten erschüttert“[1]. Am Ende des von zwei Weltkriegen geprägten Jahrhunderts erzählt der kriegerische Zerfall Jugoslawiens „noch einmal in Rohform etwas über das zwanzigste Jahrhundert“ (GL 135). Mit diesen Worten reflektiert die Ich-Erzählerin in Marica Bodrožić’ Roman *Das Gedächtnis der Libellen* (2010) die Bedeutung ihrer Herkunftsregion innerhalb und für ein Europa, für das der Balkan schon immer „Brennofen [war], sein unbewusstes Feuer, seine alte Scham“ (GL 135). Der Kontinent verliert durch die Jugoslawienkriege „seine Utopie eines Europas ohne Krieg [...].“[2] Im Zuge der Kriege in Südosteuropa haben sich im deutschsprachigen Raum Bilder vom Balkan als ‚Pulverfass‘ und ‚Krisenherd‘ festgesetzt: Der Begriff ‚Balkan‘, der ursprünglich eine Bergkette im heutigen Bulgarien bezeichnet und somit ein konkretes

1 Boris Previšić: *Literatur topographiert. Der Balkan und die postjugoslawischen Kriege im Fadenkreuz des Erzählens.* Berlin: Kadmos 2014, Buchdeckel.

2 Boris Previšić: Poetologie und Politik: Peter Handkes *Winterliche Reise.* In: Olga Iljassova-Morger / Elke Reinhardt-Becker (Hrsg.): *Literatur – Kultur – Verstehen. Neue Perspektiven in der interkulturellen Literaturwissenschaft.* Duisburg: Universitätsverlag Rhein-Ruhr 2009, S. 107–122, hier S. 107.

geografisches Gebiet umfasst,[3] wurde mit sozialen, kulturellen und politischen Bedeutungen angereichert – oder vielmehr durch solche Attribuierungen ersetzt. So findet der Begriff heutzutage vornehmlich in der Politik zur Beschreibung eines als Problemregion verhandelten Teils von Europa Verwendung, der damit an den Rand des Kontinents gedrängt wird. Mit einer vonseiten Westeuropas ausgehenden Marginalisierung des Balkans gewinnt die Frage an Bedeutung, wo dieser eigentlich beginnt. Im Zuge der Diskussionen dieser Frage wird mit Landkarten und Grenzziehungen argumentiert, die es *de facto* nicht gibt. Derartige Mental Maps haben sich dennoch in politische wie literarische Diskurse eingeschrieben. Zudem entfachen die als politisch apostrophierten kognitiven Landkarten vor allem zwischen und in solchen Ländern ein enormes Konfliktpotenzial, „die sich in ihrem Selbstverständnis oftmals nicht [zum Balkan] dazuzählen wollen – wie Slowenien, Ungarn, Kroatien, Griechenland oder Rumänien"[4]. So stellt Boris Previšić in seiner 2014 publizierten komparatistisch angelegten Habilitationsschrift zur Topografie des Balkans in der Literatur heraus, dass der Begriff ‚Balkan' seitens der jugoslawischen Nachfolgestaaten „jeweils auf denjenigen Nachbarstaat an[ge]wendet [wird], dessen bis zum Eintritt in die EU zurückzulegende Wegstrecke noch weiter [als die eigene] ausfallen wird"[5]. Einem solchen Prozess der Eigen- bzw. Fremdstilisierung, der Previšić zufolge in Slowenien beginnt und sich über Kroatien, Serbien, Bosnien und Kosovo bis nach Albanien fortsetzt,[6] verleiht in gleicher Weise Juli Zeh in ihrem Essay „Leere Mitte" (2011) Ausdruck:

> Der Balkan ist wie der Horizont: Während man darauf zufährt, rückt er in die Ferne. Von Österreich aus gesehen beginnt er an der slowenischen Grenze. Für die Slowenen ist Kroatien das westlichste Land des Balkans. Und fragt man einen Kroaten, so deutet er in alle Himmelsrichtungen: Der Balkan beginnt natürlich in Bosnien, Bulgarien, Ungarn! Schnaps am Mittag, unpünktliche Busse, alte Frauen mit schlechten Zähnen – Kroatien ist nie und nimmer ein Balkanland. [...] Nach seiner eigenen geografischen Verortung befragt, breitet Kroatien die Arme aus und dreht sich einmal um sich selbst: Mitteleuropa, ganz klar! (LM 171)

3 Vgl. Boris Previšić: Eine Frage der Perspektive: Der Balkankrieg in der deutschen Literatur. In: Evi Zemanek / Susanne Krones (Hrsg.): *Literatur der Jahrtausendwende. Themen, Schreibverfahren und Buchmarkt um 2000.* Bielefeld: Transcript 2008, S. 95–106, hier S. 95.

4 Previšić: *Literatur topographiert*, S. 20.

5 Ebd.

6 Vgl. ebd.

„Aber was soll das eigentlich sein, Mitteleuropa?" (LM 171) Eine Aussage des österreichischen Schriftstellers Joseph Conrad zitierend, dem zufolge die Wahrheit immer an den Rändern liege, während die Mitte der Dinge hingegen leer sei, transferiert Zeh anschließend an die obige Textpassage Conrads Erkenntnisbedeutung auf das heutige Europa: „Vermutlich hat er nicht geahnt, wie gut diese Erkenntnis eines Tages auf Europa passen würde." (LM 171)[7] Wie und was an die Ränder Europas projiziert wird, enttarnt wiederum Maria Todorova in ihrer 1997 veröffentlichten, viel rezipierten Studie *Imagining the Balkans* als eine Erfindung des Westens.[8] Diese in Anlehnung an Edward W. Saids postkoloniale Grundlagenstudie *Orientalism* von 1979 vorgelegte Theorie regt eine Analyse deutschsprachiger Balkan-Verhandlungen als mit Stereotypen, Projektionen und Mental Maps arbeitenden Konstruktionen an. Ein Blick in die Literaturgeschichte zeigt, dass den durch die Jugoslawienkriege negativ konnotierten Balkan-Bildern im deutschsprachigen Literaturraum solche vorausgehen, die im langen 19. Jahrhundert vor allem bei Johann Wolfgang von Goethe in einer „Idealisierung des südslawischen Raumes"[9] kulminieren. Zu einer Zeit, in der sich „imperialer Anspruch einerseits und Beförderung sowie Vorbildfunktion von Nationsbildungsprozessen andererseits [überkreuzen]"[10], wird bereits ein breites literarisches Projektionsarsenal entfaltet. Obgleich ein kurzer Einblick in die Literaturgeschichte zeigt, dass in den deutschsprachigen Balkan-Texten des 19. und 20. Jahrhunderts keine einheitlichen Bilder des südosteuropäischen Raumes entworfen werden, erkunden die Texte den Balkan doch zumeist entlang eines binären Ordnungssystems. Diesen Balkan-Narrativen liegen folglich ähnliche Denkformen und -muster der Schreibenden zugrunde.

7 Am Ende des Essays, der am 26.05.2011 im *Merian Deutschland* erstveröffentlicht wurde und in *Nachts sind das Tiere* in überarbeiteter Fassung vorliegt, resümiert Zeh bezüglich Kroatiens Verortung in Europa schließlich: „Wenn der Balkan wie der Horizont ist, dann bewegt sich Kroatien in atemberaubendem Tempo in die entgegengesetzte Richtung, schnurstracks in die leere Mitte Europas. [...] Wer nach Kroatien fährt, unternimmt eine Expedition an die Grenze zwischen gestern und heute, zwischen alt und neu. Er wird feststellen: Sie verläuft quer durch das eigene Herz." (LM 176)

8 Vgl. Maria Todorova: *Die Erfindung des Balkans. Europas bequemes Vorurteil*, aus d. Engl. v. Uli Twelker. Darmstadt: WBG 1999.

9 Vgl. Previšić: *Literatur topographiert*, S. 33.

10 Ebd., S. 31.

Die These meiner literaturwissenschaftlichen Studie ist nun, dass die deutschsprachige Gegenwartsliteratur derartige tradierte und projektionsreiche Balkan-Narrative transformiert.[11] Transformationen realisieren sich dabei auf Struktur- und Erzählebene ebenso wie über die Figurenzeichnung und Motivik der Prosatexte. Meine textnahen Analysen zeigen, dass hier Denk- und Handlungsräume ausgelotet werden, die sich unter Bezugnahme kulturwissenschaftlicher Forschungsansätze als transkulturell und transnational bezeichnen lassen. Exemplarisch erfährt die These von Transformationen tradierter Balkan-Narrative in neueren literarischen Produktionen anhand der Analyse dreier Texte aus dem ersten Jahrzehnt des 21. Jahrhunderts Überprüfung: *Die Stille ist ein Geräusch* (2002) von Juli Zeh, *Wie der Soldat das Grammofon repariert* (2006) von Saša Stanišić und *Das Gedächtnis der Libellen* (2010) von Marica Bodrožić. Inhärent ist diesen Prosatexten eine Aktualisierung der Frage nach dem ‚Wo' des Balkans – jenseits einer Berufung auf kognitive Landkarten. Diese Frage ‚beantworten' die Texte, indem sie das mit Todorova gesprochene Konstrukt ‚Balkan' vom Rande Europas in dessen Zentrum – und vor allem ins Zentrum ihrer Erzähltexte – verlegen. Mit dieser Thematisierung des Balkans geht zugleich ein Berichten der Ich-Erzählfiguren über ihr Leben und Durchwandern von Städten wie Berlin, New York, Paris oder Amsterdam einher. Dadurch werden Konzepte einer homogenen kulturellen wie auch nationalen Identität durch hybride Lebensentwürfe der Figuren zur Disposition gestellt.

Im Einführungskapitel wird die kritische Positionierung meiner Arbeit gegenüber gegenwärtigen Forschungstendenzen ebenso erörtert wie die Wahl der für die spätere Analyse der Texte grundlegenden methodischen und theoretischen Ansätze. Das zweite Kapitel liefert den obig bereits angeklungenen literaturgeschichtlichen Abriss deutschsprachiger Balkan-Narrative von Goethe bis Peter Handke. Handke nimmt ob seiner Schreibstrategie eine sich in einem eigenen Unterkapitel niederschlagende Sonderstellung ein. Im Anschluss an

11 Die vorliegende Studie habe ich im März 2015 an der Universität Hamburg am Institut für Germanistik im Fachbereich Sprache, Literatur, Medien I als Masterarbeit eingereicht. Sie wurde von Prof. Dr. Doerte Bischoff (Erstgutachterin) und Prof. Dr. Ortrud Gutjahr (Zweitgutachterin) betreut. Die Fertigstellung der Arbeit wurde durch ein Abschlussstipendium der Karl H. Ditze Stiftung finanziell unterstützt. Diese Publikation ist eine überarbeitete Fassung der Arbeit.

die 2013 publizierte Dissertationsschrift von Daniela Finzi zur Verhandlung der kriegerischen Auflösung Jugoslawiens in der deutschsprachigen Literatur wird mit dieser gesonderten Besprechung von Handkes Balkan-Texten der Vermutung Ausdruck verliehen, dass es durch den 1996 publizierten und kontrovers diskutierten Reisebericht *Eine winterliche Reise zu den Flüssen Donau, Save, Morawa und Drina oder Gerechtigkeit für Serbien* zu einer „Monopolisierung des (literarischen) Redens und gleichzeitiger Lähmung etwaiger weiterer literarischer Interventionen“[12] gekommen ist. So haben Finzi zufolge AutorInnen wie Juli Zeh, Saša Stanišić, Norbert Gstrein oder Anna Kim eine literarische Auseinandersetzung mit dem Balkan erst *nach* Beendigung des Kosovokrieges umgesetzt und damit „die von Handke eröffnete erweitert und diversifiziert, im Unterschied zu letzterem aber eine politische Positionierung hintangestellt“[13]. Obwohl ich mich im Kontext dieser Arbeit explizit einer politischen Betrachtung der Handkeschen Texte und deren medialen Echos verweigere, soll durch die gesonderte Besprechung festgehalten werden, dass die in seinen Balkan-Texten betonte Selbstfindung der Protagonisten im Licht des Anderen als Mechanismus einer imaginären Identifikation und Projektion zu lesen ist – also die Handlung seiner Erzähltexte sich auf der Folie sogenannter Balkanismen entfaltet. Ein vorläufiger Ausklang fasst zum Ende des zweiten Kapitels die Erkenntnisse über die literarischen Balkan-Verhandlungen aus drei Jahrhunderten zusammen und diskutiert deren Projektionen im Rekurs auf die bereits benannte Balkanismus-Theorie von Todorova. Das dritte Kapitel umfasst die textnahe Lektüre der drei ausgewählten Gegenwartsexte in einem *gemeinsamen* Analyserahmen: Entlang von narratologischen und intertextuellen Aspekten sowie über Figuren- und Motivanalysen wird dargelegt, inwiefern die Prosatexte tradierte Balkan-Narrative transformieren. Ebendieses allen

12 Daniela Finzi: *Unterwegs zum Anderen? Literarische Erfahrungen der kriegerischen Auflösung Jugoslawiens aus deutschsprachiger Perspektive*. Tübingen: Francke 2013, S. 20.

13 Ebd. Vgl. dazu auch Previšić: *Literatur topographiert*, S. 14. Previšić betont, dass Handkes vielseitiges Engagement bezüglich der Balkankriege insbesondere in den darauffolgenden literarischen Verarbeitungen deutliche Spuren hinterlassen habe: „Gerade Autorinnen und Autoren einer jüngeren Generation haben sich explizit und implizit auf die Vorlage zu beziehen [...], was mit mehr oder weniger Erfolg, mit mehr oder weniger literarischer Finesse erfolgt.“ (Ebd.)

drei Texten zugesprochene transformierende Potenzial lässt mich im vierten Kapitel die 2009 von Previšić aufgeworfene Frage nach einem Balkan Turn in der deutschsprachigen Literatur aufgreifen und hinterfragen. Der Schlussbemerkung dieser Arbeit obliegt es, weitere, noch nicht rezipierte Gegenwartstexte mit Balkan-Bezug im Hinblick auf ihre Anschlussfähigkeit an diese Arbeit zu diskutieren. Es ist mir ein dringendes Anliegen, darauf hinzuweisen, dass es jenseits der viel rezipierten Autoren wie Handke oder Gstrein weitere SchriftstellerInnen gibt, die fernab der biografistischen Frage, ob sie mit oder ohne „deutschmuttersprachige[/r]“[14] Feder schreiben, den Balkan zum Gegenstand ihrer literarischen Texte machen. Dabei mache ich es mir zur Aufgabe, über meinen ‚deutschsprachigen Tellerrand‘ zu blicken und greife in meiner Schlussbemerkung ebenso nicht-deutschsprachige Gegenwartstexte mit Balkan-Bezug auf.

2. Tendenzen der Forschung

Mit den literaturwissenschaftlichen Monografien von Previšić (2014) und Finzi (2013) sind bereits zwei Hochschulschriften neueren Erscheinungsdatums genannt, die es sich zur Aufgabe machen, die „komplizierte[] Gemengelage präfigurierter Stereotype und Projektionsangebote“[15] in der Literatur zum Balkan zu dechiffrieren. Previšić' Ausgangspunkt ist vor allem der diskursanalytische Rekurs auf die Balkanismus-Theorie. Der Balkanismus durchkreuzt ihm zufolge „ständig die Erzählungen aus und über die postjugoslawischen Kriege“[16]. Damit gerät seiner Meinung nach „das faktuale Ereignis [...] ständig ins diskursive Fadenkreuz [des Erzählens].“[17] Durch die vornehmlich narratologische Analyse seines mehrsprachigen Textkorpus[18] beabsichtigt Previšić, „die spezifische Rolle der

14 Boris Previšić: Poetik der Marginalität: *Balkan Turn* gefällig? In: Helmut Schmitz (Hrsg.): *Von der nationalen zur internationalen Literatur. Transkulturelle deutschsprachige Literatur und Kultur im Zeitalter globaler Migration*. Amsterdam / New York: Rodopi 2009, S. 189–203, hier S. 193. Auf S. 201 begründet Previšić diese Wortneuschöpfung genauer.

15 Previšić: *Literatur topographiert*, S. 11.

16 Ebd.

17 Ebd.

18 Wenngleich Previšić seinen Textkorpus als komparatistisch angelegt erörtert, gesteht er sich doch ein, dass seine Analyse „prioritär die deutschsprachige Literatur mit ihren spezifischen Traditionslinien [behandelt]“ (ebd., S. 22).

Literatur zu eruieren“[19], die – so seine These – zum einen „trotz ihrer erklärten Absicht, das Andere und nicht ständig das Immergleiche zu zeigen, die bekannten Stereotype zwischen Balkanismus und Jugo-Typologie [fortschreibt]“[20] oder aber zum anderen „das immergleiche Vorurteil“[21] in ironischer Perspektive destereotypisiert. Anhand der Frage, wie die Literatur durch die kriegsversehrte Balkan-Region topografiert wird und wie sie diese selbst wiederum topografiert, entwickelt Previšić eine Raumnarratologie, mittels der er den Versuch unternimmt, „aus einer Gesamtsicht die literarische Rezeption des jüngsten Traumas der europäischen Geschichte aufzuarbeiten“[22]. Dass Previšić die für die vorliegende Studie so gewichtige, 2009 provokant als Aufsatztitel formulierte Frage nach einem Balkan Turn[23] in seiner Habilitationsschrift nicht wieder aufgreift, ist gerade im Hinblick auf neuere literarische Texte zum Balkan bedauernswert. Dies könnte aber womöglich dem Fokus seiner Untersuchung auf Kriegstraumata geschuldet sein. Aus diesem Grund erweist sich Previšić' Monografie für meine Untersuchung als weniger ergiebig als die Vielzahl seiner in Sammelbänden publizierten Einzelbeiträge.[24] Gleichwohl liefert das Einführungskapitel seiner Habilitationsschrift einen für meine Arbeit wertvollen Einblick in deutschsprachige Projektionen auf den Balkan vom 18. bis zum 20. Jahrhundert. Eine Darlegung des Forschungsstandes wiederum fehlt seiner Arbeit. Gerade weil ein solcher aber Bestandteil der Dissertationsschrift von Finzi ist, schließe ich mich ihr an, wenn ich betone, dass diese beiden Monografien sich mehr ergänzen, als dass sie sich überschneiden.[25]
Die Monografie von Finzi setzt gleich der von Previšić bei Handkes Balkan-Texten an, bleibt dann aber bei deutschsprachigen Texten.

19 Ebd.

20 Ebd.

21 Ebd.

22 Ebd., Buchdeckel.

23 Previšić: Poetik der Marginalität, S. 189.

24 Hinweisen möchte ich an dieser Stelle auch auf einen erst 2016 vorgelegten Sammelband, den Previšić zusammen mit Martina Baleva herausgegeben hat: *„Den Balkan gibt es nicht“. Erbschaften im südöstlichen Europa*. Köln / Weimar / Wien: Böhlau 2016. Der Band versammelt Beiträge, die die Vielfalt und Einmaligkeit dieser Region jenseits von Hetero- und Autostereotypisierungen betrachten. Dabei wird die Region in ihrer Funktion und Symbolik einer geografisch, kulturell und historisch wichtigen Bruchstelle in interdisziplinärer Perspektive in den Blick genommen.

25 Vgl. Finzi: *Unterwegs zum Anderen?*, S. 39.

Fokussiert werden jene, die die kriegerische Auflösung Jugoslawiens explizit thematisieren. Zwei der drei Texte meines Korpus wurden sowohl von Finzi als auch von Previšić analysiert. Warum nehme ich mit dieser Arbeit nun eine erneute Lektüre vor? Gerade Finzis Textanalysen greifen trotz der ihrerseits angekündigten Methode des Close Reading meines Erachtens zu kurz. Dies scheint darin begründet, dass Finzi das Einführungskapitel ihrer Arbeit und je ein Kapitel zur Forschungsproblematik sowie zu literaturwissenschaftlichen Prolegomena auf 128 Seiten entfaltet. Die konkrete Textarbeit steht, auch ob ihres Textkorpus von insgesamt elf Erzähltexten,[26] dahinter zurück. Die Interpretation einzelner Texte beläuft sich auf je zehn bis maximal fünfzehn Seiten. Zugleich stellt das Korpus ihrer Arbeit so aber eindrücklich unter Beweis, dass gegenwärtige deutschsprachige Literaturproduktionen den Balkan thematisch verstärkt umkreisen. Unter dem Titel *Der Jugoslawien-Krieg in der Fiktion. Die Rezeption der Jugoslawien-Kriege in den fiktionalen Werken deutschsprachiger SchriftstellerInnen* reichte bereits 2003 Bruno Batinić seine Diplomarbeit in Wien ein, die einen ersten wissenschaftlichen Überblick über die literarische Verhandlung der Kriege nach dem Friedensabkommen von Dayton 1995 darstellt.[27]

Die zahlreichen in Sammelbänden veröffentlichten Beiträge erweisen sich allerdings für meine These und Analyse weitaus produktiver als die oben genannten Monografien. Hervorgehoben sei hier neben dem von Previšić 2009 vorgelegten Aufsatz zum Balkan Turn ein Beitrag von Elena Messner, der 2011 unter dem Titel „‚Literarische Interventionen' deutschsprachiger Autoren und Autorinnen im Kontext der Jugoslawienkriege der 1990er" in einem

26 Finzi analysiert allein vier Texte von Handke mit Erscheinungsdatum vor den postjugoslawischen Kriegen (*Die Wiederholung* (1986), *Abschied des Träumers vom Neunten Land* (1991), *Eine winterliche Reise zu den Flüssen Donau, Save, Morawa und Drina oder Gerechtigkeit für Serbien* (1996) und *Sommerlicher Nachtrag zu einer winterlichen Reise* (1996)). Es folgt die Analyse von Juli Zehs *Adler und Engel* (2001) sowie deren Reisebericht *Die Stille ist ein Geräusch* (2002). Dem folgt die Betrachtung von Norbert Gstreins *Das Handwerk des Tötens* (2003) und *Die Winter im Süden* (2008). Danach untersucht Finzi Stanišić' *Wie der Soldat das Grammofon repariert* (2006), bevor sie sich erneut Handke und nun seinem nach Ende der postjugoslawischen Kriege publizierten Roman *Die morawische Nacht* (2008) zuwendet und schließlich ihr Analysekapitel mit der Untersuchung von Anna Kims 2008 veröffentlichtem Roman *Die gefrorene Zeit* schließt.

27 Bruno Batinić: *Der Jugoslawien-Krieg in der Fiktion. Die Rezeption der Jugoslawien-Kriege in den fiktionalen Werken deutschsprachiger SchriftstellerInnen*. Diplomarbeit, Universität Wien 2003.

Sammelband von Carsten Gansel und Heinrich Kaulen erschienen ist.[28] Messner geht wie Previšić und Finzi von einer Handkeschen Monopolisierung der deutschsprachigen Literaturproduktion zum Balkan-Thema aus, betont jedoch ein mit der Jahrtausendwende einhergehendes Aufbrechen derselben.[29] Dieses Aufbrechen macht sie nicht nur an Prosatexten deutlich, sondern bezieht sich auch auf neuere dramatische Texte wie zum Beispiel Richard Schuberths *Freitag in Sarajevo* (2003) und Oliver Czesliks *Havarie in Afrika* (1999). Messners gattungsübergreifende Auseinandersetzung mit gegenwärtigen Balkan-Narrativen ist inspirierend, kann aber ob des Umfangs dieser Untersuchung hier nicht aufgegriffen werden. Gansels und Kaulens Band *Kriegsdiskurse in Literatur und Medien nach 1989* beinhaltet neben dem Beitrag von Messner weitere Beiträge zu neueren literarischen Balkan-Erkundungen im deutschsprachigen Raum: zwei zu Handke (Jürgen Brokoff und Martin Sexl), zwei zu Gstrein (Katja Stopka und Sven Kramer) und einen zu Anna Kim (Antonia Rahofer). Diese Beiträge sind in der Vorbereitungsphase meiner Arbeit ebenso von Interesse gewesen wie das von den Herausgebern geführte Gespräch mit Norbert Gstrein, welches unter dem Titel „Der Sprachlosigkeit eine Sprache entgegensetzen“ den Ausklang des Bandes bildet. Sexl hat über seinen Beitrag in diesem Sammelband hinaus das Entstehen meiner Arbeit durch eine Publikation angeregt, die als Lektüreempfehlung zum Einstieg in das Balkan-Thema genannt sei: Der gemeinsam mit dem Fotografen Arno Gisinger herausgegebene Band *Hotel Jugoslavija* (2008)[30] eröffnet mit Finzi gesprochen „auf multiperspektivische und selbstreflexive Weise eine Art kulturwissenschaftlichen Reisetext“[31], der sich „durch die Zusammenführung von medialer, kulturwissenschaftlicher und literarischer Wahrnehmung“[32] über ein akademisches Lesepublikum hinaus an eine breite Leserschaft wendet und diese dazu anregt, bekannte Balkan-Vorurteile zu relativieren.

28 Elena Messner: ‚Literarische Interventionen' deutschsprachiger Autoren und Autorinnen im Kontext der Jugoslawienkriege der 1990er. In: Carsten Gansel / Heinrich Kaulen (Hrsg.): *Kriegsdiskurse in Literatur und Medien nach 1989*. Göttingen: V & R unipress 2011, S. 107–118.

29 Vgl. ebd., S. 107.

30 Martin Sexl / Arno Gisinger: *Hotel Jugoslavija. Die literarische und mediale Wahrnehmung der Balkankonflikte*. Innsbruck: Studienverlag 2008.

31 Finzi: *Unterwegs zum Anderen?*, S. 39.

32 Ebd., S. 40.

Eine dezidierte Stellungnahme zum Forschungsstand bezüglich der von mir betrachteten drei Texte ist insofern notwendig, als das Textkorpus mit *Die Stille ist ein Geräusch* (2002) und *Wie der Soldat das Grammofon repariert* (2006) zwei bereits viel rezipierte Texte beinhaltet. Das Einbeziehen dieser Texte in diese Arbeit ist meiner Meinung nach jedoch aus zwei Gründen notwendig: Erstens wurden diese Texte noch nicht *miteinander*, sondern vornehmlich ob biografistisch argumentierender Rezeptionsansätze vergleichend *gegeneinander* gelesen. Zweitens wird bezüglich Stanišić' Roman zwar häufig die kindliche Erzählstimme lobend herausgestellt, eine Untersuchung ebendieser auf ihr transkulturelles Potenzial hin steht bislang jedoch aus. Ausschließlich der Beitrag von Sandra Narloch im *exilograph* rückt die narrativen und kulturellen Grenzüberschreitungen der Ich-Erzählung des Jungen mit Namen Aleksandar in den Fokus, wonach „die nationale Ordnung [...] der hybriden Identität Aleksandars keinen Modus der Zugehörigkeit bieten [kann]“[33]. So freut sich der kindliche Ich-Erzähler beim Fußballschauen nicht für eine, sondern gleich „für fünf Mannschaften“ (GW 154). Der Text erschließt sich im Anschluss an Narloch als „ein Plädoyer für die Entwicklung alternativer Gemeinschaftsmodelle, die Raum für Andersartigkeit und multiple Loyalitäten bieten“[34]. Aspekten wie diesen möchte ich hier nachspüren, um aufzuzeigen, dass eine Reduzierung des Textes auf eine kindliche Erzählstimme seine horizontal und vertikal zu verankernde Polyphonie und das damit einhergehende Aufsprengen von nationalen und kulturellen Grenzen verkennt. Als grenzüberschreitend ist gleichfalls Juli Zehs Reisebericht bzw. dessen narratologische Strategie zu bezeichnen. Mit *Die Stille ist ein Geräusch* gelingt Zeh 2002 meiner Einschätzung nach als erster Autorin das Aufbrechen des Handkeschen Monopols auf das Balkan-Thema. Diese Leistung wurde von der Forschung bislang jedoch weder an- noch erkannt. Durch intertextuelle Referenzen enttarnt Zeh die Mechanismen der Texte des österreichischen Autors als immer wieder stereotypen Balkan-Bildern anheimfallende. Meine Lektüre diesen Text betreffend positioniert sich vor allem konträr zu der von Previšić vorgelegten. Obwohl dieser betont, dass man in „[k]aum einem anderen

33 Sandra Narloch: Der „Chefgenosse des Unfertigen“. In: *exilograph* 21 (2013/4), S. 9–10, hier S. 9.

34 Ebd.

literarischen Text [...] auf eine so klar ausgestaltete Verschränkung und Reflexion der postjugoslawischen Kriege mit der Diskursformation des Balkanismus [trifft]"[35], analysiert er die intertextuellen Referenzen Zehs zu Handke nicht als Subversion, sondern als „Reverenz"[36] – also als Hommage. Zudem klassifiziert er die über den Reisebericht einem Lesepublikum vermittelten Informationen über Bosnien als „‚Second Hand-Information[en]'"[37], da sie einer als „deutschmuttersprachig[]"[38] apostrophierten Feder entstammen. Mit einer solchen ‚Feder' geht Previšić zufolge zwangsweise eine Exotisierung des Balkans einher.[39] Dass es Zeh aber gerade mit diesem Text gelingt, deutschsprachigen LeserInnen ihre durch die Medien und die Texte Handkes aufgesetzte „Balkanbrille" (DS 228) abzusetzen, findet bei Previšić keine Erwähnung. Dieser kritisiert weiter, dass das Schreiben über Ex-Jugoslawien seitens gebürtig deutscher SchriftstellerInnen „noch heute viel gewichtiger als das Schreiben von Immigrierten aus diesem Gebiet [sei]"[40]. Er favorisiert folglich Stanišić' Text gegenüber dem von Zeh. Seine Kritik bezieht sich indes aber weniger auf Zeh als eine über den Balkan schreibende deutsche Autorin, sondern ist vielmehr als Kritik des deutschsprachigen Literaturmarkts identifizierbar. Previšić' Tendenz, die Texte im Hinblick auf die Herkunft ihrer AutorInnen zu lesen, läuft aber gerade in Anbetracht seiner Kritik an Marktmechanismen *ad absurdum*. Zudem verkennt er Zehs Engagement, SchriftstellerInnen aus Bosnien und Herzegowina in den deutschsprachigen Literaturbetrieb einzubinden. In dem von Zeh mit David Finck und Oskar Terš 2004 herausgegebenen Sammelband *Ein Hund läuft durch die Republik. Geschichten aus Bosnien* eröffnet die Schriftstellerin dem bis dahin noch unbekannten jungen Autoren Saša Stanišić nämlich die Möglichkeit, eine erste Kurzgeschichte zu publizieren. Der Band lässt AutorInnen im Alter von 18 bis 30 Jahren zu Wort kommen, die während der Jugoslawienkriege in Deutschland oder Österreich lebten und „das Deutsche als ein Idiom der Flucht und Vertreibung, aber auch als eine Sprache der

35 Previšić: *Literatur topographiert*, S. 336.

36 Ebd., S. 334.

37 Previšić: Poetik der Marginalität, S. 191.

38 Ebd., S. 193, 201.

39 Vgl. ebd., S. 191.

40 Ebd.

Rettung mit nach hause [*sic!*] genommen [haben]"[41]. Zeh, die sich von einer Lesereise in Bosnien angeregt zu diesem Band entschieden hat, stellt damit einmal mehr ihr Bemühen um authentische Berichte über die Jugoslawienkriege und die Massenmigration als Folge dieser unter Beweis. In diesem vom Goethe-Institut Sarajewo unterstützten Sammelband erzählen AutorInnen von ihrer Heimat Jugoslawien; sie berichten dabei „von einer Liebe zu und dem Leben in einem Land, von dem man seit Kriegsende überhaupt nichts hört"[42] und „[n]icht bloß über den Bürgerkrieg, von dem man in Deutschland viel gesehn [*sic!*] und wenig verstanden hat [...]"[43].

Wo es also bezüglich der Texte *Wie der Soldat das Grammofon repariert* und *Die Stille ist ein Geräusch* in der vorliegenden Studie darum geht, noch nicht oder einseitig rezipierte Aspekte neu zu lesen, liegt mit Marica Bodrožić' Roman *Das Gedächtnis der Libellen* der erste Teil einer Trilogie vor – von der 2012 bereits der zweite Teil erschienen ist –, die von der Forschung aber noch kaum Beachtung gefunden hat. Vorwiegend vom deutschsprachigen Feuilleton wurde *Das Gedächtnis der Libellen* rezipiert, dort jedoch penetrant auf die Autor-Kategorie reduzierend gelesen. So wird in der Rezension von Klaus Hübner in der Literaturzeitschrift *Spiegelungen* gleich im ersten Satz vom „autobiografisch grundierten Text"[44] gesprochen. Das zentrale Thema des Romans, die transnationalen und transkulturellen Lebensentwürfe der Figuren, bleibt indes unbeachtet. Zu Recht widmet sich Hübner zwar dem „verträumt mäandernde[n] Prosasturm"[45], dem „filigranen Textgewebe"[46] und gibt eine Lektüreanleitung für die „befremdende, bald aber eigentümlich glitzernde

41 Juli Zeh: Vorwort. In: Dies./ David Finck / Oskar Terš (Hrsg.): *Ein Hund läuft durch die Republik. Geschichten aus Bosnien*. Frankfurt am Main: Schöffling 2004, S. 8.

42 Ebd.

43 Ebd. Der Geschichte von Stanišić kommt insofern ein besonderer Stellenwert zu, als seine Kurzgeschichte das Finale der aus Bosnien stammenden SchriftstellerInnen bildet, bevor Zeh selbst den Band mit einer eigenen Geschichte abschließt.

44 Klaus Hübner: Rezension zu: Marica Bodrožić: Das Gedächtnis der Libellen. In: *Spiegelungen. Zeitschrift für deutsche Kultur und Geschichte Südosteuropas* 6,4 (2011), S. 407–409, hier S. 407. Vgl. dazu auch Meike Fessmann: Vom Aufbewahren der Erinnerungen. Über Marica Bodrožić. In: *Sinn und Form* 5 (2013), S. 731–738, hier S. 731.

45 Hübner: Marica Bodrožić, S. 407–408.

46 Ebd., S. 408.

und funkelnde und schließlich begeisternde Literatursprache"[47] der Autorin an die Hand, führt diese aber lediglich auf die balkanische Herkunft von Bodrožić zurück. Für dieses Untersuchungsvorhaben erweist es sich somit in vielerlei Hinsicht als sinnvoll, bereits rezipierte Texte neu zu lesen.

3. Eigene Verortung: Methodischer und theoretischer Ansatz

Die gegenwärtigen Neuverhandlungen des Balkans in der Literatur sind insofern von den politischen Entwicklungen des späten 20. und des einsetzenden 21. Jahrhunderts beeinflusst, als dass sich der Balkan im Zuge von Migrations- und Exilbewegungen mit Ziel Westeuropa als ein soziokulturell wirkmächtiger Faktor entwickelt hat. Dies zeigt sich bereits an den Autorennamen zweier der drei hier verhandelten Gegenwartstexte: Mit Saša Stanišić und Marica Bodrožić sind ein Schriftsteller und eine Schriftstellerin benannt, die aus dem ehemaligen Jugoslawien nach Deutschland immigriert sind. Doch dies nur als eine Notiz am Rande. Im Kontext dieser Studie kommt der Kategorie des Autors keine Bedeutung für die Analyse der Texte zu. Vielmehr soll die thematische Hinwendung der deutschsprachigen Literatur zum Balkan als eine Wende diskutiert werden, die sich über innovative Erzählstrategien und die Auswahl von Motiven realisiert. Das in vielerlei Hinsicht heterogene Korpus ist als eine Art Versuch zu lesen, Fragen nach der Herkunft der AutorInnen für die Textanalyse als ebenso unproduktiv zu belegen, wie es auch das konkrete literarische Genre des Einzeltextes für die Analyse ist. Denn einer auf das jeweilige Genre (Zeh = Reisebericht, Stanišić = Kindheits-/Familienroman und Bodrožić = Liebesroman) abzielenden Lektüre der Prosatexte entgleitet meiner Meinung nach der Blick für die von den drei SchriftstellerInnen ähnlich gewählten Schreib- und Erzählstrategien. Ebendiese sind es, die belegen, dass der Balkan in der deutschsprachigen Literatur nicht länger als poetischer Gegenraum fungiert, sondern als ein geteilter Erfahrungsraum.[48] Die vorliegende Arbeit verneint eine die Gegenwartstexte gegeneinander lesende Lektüre. Zudem verpflichtet sich die Interpretation methodisch dem Close Reading. Auf vier Analyseebenen (1. Narration, 2. Intertextualität,

47 Ebd.

48 Vgl. Finzi: *Unterwegs zum Anderen?*, S. 291.

3. Figurenpersonal sowie 4. Motivik und Metaphorik) fokussiert das dritte Kapitel neben den Gemeinsamkeiten der Texte ebenso deren jeweilige Eigenheiten.

Die intensive Auseinandersetzung mit Textdetails und sprachlich-ästhetischen Effekten verschreibt sich einer transkulturellen literarischen Hermeneutik, wie sie Olga Iljassova-Morger mit ihrer Dissertation 2009 vorgelegt hat.[49] Das von Iljassova-Morger als Erweiterung von interkulturell-hermeneutischen Ansätzen erörterte Konzept des Verstehens wird meiner Ansicht nach gerade den grenzüberschreitenden Potenzialen der Gegenwartstexte gerecht. Denn im Kontext meines Untersuchungsvorhabens gilt es nicht nur, eine westeuropäische Rezeptions- und Interpretationsposition kritisch zu hinterfragen, sondern vor allem eine solche nicht durch eine „Einsperrung ‚der Anderen' in die vermeintlichen kulturspezifischen Handlungs- und Wahrnehmungsmuster zu ersetzen"[50]. Wo sich eine interkulturelle Hermeneutik im Anschluss an Alois Wierlacher einem Programm der „Verstehenslehre der anderen Augen"[51] verschreibt und sich darin erprobt, „Rollendistanzen zu üben" und „Einstellungs- und Sichtwechsel als Lesen mit anderen Augen zu praktizieren"[52], lassen sich bei einer genauen Reflexion einige Probleme dieser Theorie über das Verstehen aufspüren. So ist eine „antizipierende[] Simulation vo[m] Fremdverstehen des Eigenen"[53] insofern zu kritisieren, als hierbei die Gefahr besteht, „einen wirklichen, sich an den individuellen Interessen und Bedürfnissen des Einzelnen orientierenden Dialog zu verhindern"[54]. Denn eine antizipierende

49 Vgl. Olga Iljassova-Morger: *Von der interkulturellen zur transkulturellen literarischen Hermeneutik*. Duisburg: Universitätsverlag Rhein-Ruhr 2009; dies.: Transkulturelle Herausforderungen der interkulturellen Hermeneutik: Von der Reduktion zur Entfaltung. In: Dies. / Reinhardt-Becker (Hrsg.): *Literatur – Kultur – Verstehen*, S. 15–32.

50 Ebd., S. 16.

51 Alois Wierlacher: Mit fremden Augen oder: Fremdheit als Ferment. Überlegungen zur Begründung einer interkulturellen Hermeneutik deutscher Literatur. In: Ders. (Hrsg.): *Das Fremde und das Eigene. Prolegomena zu einer interkulturellen Germanistik*. München: Iudicium 1985, S. 3–28, hier S. 8.

52 Ebd., S. 19.

53 Bernd Fischer: Multi, Inter, Trans: Zur Hermeneutik der Kulturwissenschaft. In: *Trans. Internet-Zeitschrift für Kulturwissenschaften* 15 (2005). http://www.inst.at/trans/15Nr/01_1/fischer15.htm (Zugriff am 14.11.2016).

54 Ebd.

Simulation ist „dem fremden Blick institutionell und theoretisch immer einen Schritt voraus“[55] und hat ihre Position bereits selbst besetzt.[56] So fordert Iljassova-Morger eingehend auf diese die interkulturelle Hermeneutik betreffende Kritik „Transkulturalität als Eigenschaft der Leser“[57] ein. Dieser hermeneutische Ansatz zielt auf eine Rezeption ab,

> die sowohl transkulturelle Konstanten als auch intrakulturelle Differenzen berücksichtigt, die jeden literarischen Verstehensprozess als Zusammenspiel des Individuellen, des kulturell Geprägten und des Universellen betrachtet sowie den ästhetischen Potenzialen der Literatur Rechnung trägt.[58]

Methodisch das Close Reading mit dem transkulturell-hermeneutischen Ansatz nach Iljassova-Morger engzuführen, ist als Versuch meinerseits zu verstehen, Spannungen zwischen Differenz und Identität, zwischen Vielfalt und Einheit auszuhalten. Die damit eingenommene selbstreflektierende Position versucht jeglichem Synthetisierungsdrang zu widerstehen und die Betonung von Differenz zu vermeiden bzw. Differenzen keiner zentralen Struktur oder Totalität unterzuordnen.[59]

Der methodische Ansatz impliziert damit indirekt bereits das theoretische Setting dieser Arbeit: Zur Verwendung kommt der kulturwissenschaftliche Ansatz der Transkulturalität. Betont wird hiermit ein Verständnis von Literatur- als Kulturwissenschaft, ohne damit „die philologische Basis des Fachs aufzugeben“[60]. Der theoretische Zugang dieser Untersuchung zu den literarischen Texten resultiert aus einer neuen Ansätzen gegenüber offenen universitären Ausbildung, die dazu anregt, Transkulturalitäts- und Exilforschung gemeinsam für den theoretischen Analyseansatz zu mobilisieren. Eine solche Verzahnung von Theorieansätzen wurde vor allem durch den Handbuchartikel „Exil und Interkulturalität“ (2013) von Doerte

55 Ebd.

56 Vgl. ebd.

57 Iljassova-Morger: Transkulturelle Herausforderungen, S. 22.

58 Ebd., S. 28–29.

59 Vgl. Michael Hofmann: *Interkulturelle Literaturwissenschaft. Eine Einführung*. Paderborn: Fink 2006, S. 51. Hofmann argumentiert hier für eine Öffnung der interkulturellen Hermeneutik gegenüber poststrukturalistischen Ansätzen.

60 Benthien, Claudia / Hans Rudolf Velten: Einleitung. In: Dies. (Hrsg.): *Germanistik als Kulturwissenschaft. Eine Einführung in neue Theoriekonzepte*. Reinbek: Rowohlt 2002, S. 7–34, hier S. 7.

Bischoff angeregt. Gerade weil man in den zu analysierenden Texten „auf Figuren der Zerstreuung, der Hybridität und des Transits als einem Zustand des Übergangs zwischen den Identifizierungen“[61] trifft, die Texte auch über ihren Erzählgestus „die literarische Darstellbarkeit und Produktivität von Exil und Migration ausloten“[62], drängt es sich auf, Exil- und Transkulturalitätsforschung hier in einen reziproken Bezug zueinander zu setzen. Ich teile die Ansicht, dass sich erst über einen derartigen Nexus von theoretischen Ansätzen die „Vorgeschichte jener Brüche und heteronomen Identifizierungen sichtbar machen [lässt], von denen transkulturelle Identitäten gezeichnet sind“[63] bzw. in deren Ahnenfolge sie sich zum Teil selbst in den Texten stellen. Wenn ständige oder sich wiederholende Migrationsbewegungen einerseits und Reisebewegungen zurück in die ursprüngliche Heimat andererseits als jene die Figuren charakterisierende Erfahrungen diskutiert werden, werden zugleich Denkfiguren wie die der ‚Wurzellosigkeit‘ prominent bzw. motivisch umkreist. Eine solche Motivik lässt sich entlang und mithilfe von Transkulturalitäts- und Transnationalitätstheorien diskutieren.

Letztlich antwortet diese Arbeit mit ihrem theoretischen Ansatz auch auf die 1996 von Bernhard Spies formulierte Frage nach der Exilliteratur als einem abgeschlossenen Kapitel der Literaturwissenschaft.[64] Indem wesentliche Aspekte der Exil- und Transkulturalitätsforschung für den Kontext dieser Arbeit miteinander in Dialog treten, kann die Frage nach einem Ende der Exilforschung verneint und vielmehr ihre Neuorientierung unterfüttert werden. Bereits 1986 hat Paul Michael Lützeler nicht nur für eine Abkehr von der für die Exilforschung lange Zeit wirkungsmächtigen Parole „Gesicht nach Deutschland“ plädiert, sondern eine solche Abkehr an die Öffnung der Exilforschung gegenüber neueren kulturwissenschaftlichen

61 Doerte Bischoff: Exil und Interkulturalität – Positionen und Lektüren. In: Bettina Bannasch / Gerhild Rochus (Hrsg.): *Handbuch der deutschsprachigen Exilliteratur. Von Heinrich Heine bis Herta Müller.* Berlin / Boston: de Gruyter 2013, S. 97–119, hier S. 115.

62 Ebd.

63 Ebd.

64 Vgl. Bernhard Spies: Exilliteratur – ein abgeschlossenes Kapitel? Überlegungen zu Stand und Perspektiven der literaturwissenschaftlichen Exilforschung. In: *Exilforschung* 14 (1996): Rückblick und Perspektiven, S. 11–30.

Forschungsansätzen gekoppelt.[65] Vor dem Hintergrund der von Flucht, Vertreibung und Migration gezeichneten Gegenwart empfiehlt es sich dringender denn je, sich von einer die Exilforschung lange Zeit begleitenden „Tendenz zu Autorenporträts und biografischen Rekonstruktionen"[66] abzuwenden. So sollte im Anschluss an Doerte Bischoff und Susanne Komfort-Hein erkannt werden, dass „eine historische Begrenzung des Begriffs ‚Exilliteratur' die längerfristige kulturelle Wirkmacht von Exilerfahrungen nicht angemessen erfassen"[67] kann. Das von Said 1984 in seinem Essay „Reflections on Exile" aufgeworfene Verständnis von Exil als einer Kondition des (post-)modernen Lebens unterstreicht,[68] dass diese Kondition „nicht nur eine große Anzahl von Menschen betrifft, sondern [...] immer weniger als temporäres Moment und zunehmend abgelöst von nationalen Bezügen und Orientierungen erlebt und konzeptionalisiert wird"[69]. Derlei Konzepte und Denkfiguren schlagen sich entsprechend auch in gegenwärtigen literarischen Produktionen nieder. Folglich kann sich die Exilforschung durch eine gegenüber kulturwissenschaftlichen Ansätzen offene Haltung einer gegenwärtigen Literatur über das Exil widmen,

> die sich von den Brüchen her schreibt und spezifische Verfahren entwickelt, konkurrierende kulturelle Deutungen zu durchqueren, Widersprüche auszustellen und auszuhalten sowie Prozesse kultureller Grenzziehung und Bedeutungsstiftung als solche vorzuführen.[70]

65 Vgl. Paul Michael Lützeler: Exilforschung: interdisziplinäre und interkulturelle Aspekte. In: Herlmut E. Pfanner (Hrsg.): *Kulturelle Wechselbeziehungen im Exil – Exile across Cultures*. Bonn: Bouvier 1986, S. 358–364. Siehe dazu auch Elisabeth Bronfen: Exil in der Literatur: Zwischen Metapher und Realität. In: *arcadia* 28,2 (1993), S. 167–183; dies.: Entortung und Identität. Ein Thema der modernen Exilliteratur. In: *The German Review* 69,2 (1994), S. 70–78.

66 Bischoff: Exil und Interkulturalität, S. 100.

67 Doerte Bischoff / Susanne Komfort-Hein: Einleitung: Literatur und Exil. In: Dies. (Hrsg.): *Literatur und Exil. Neue Perspektiven*. Berlin / Boston: de Gruyter 2013, S. 1–19, hier S. 5.

68 Vgl. Edward W. Said: Reflections on Exile [1984]. In: Ders.: *Reflections on Exile and Other Literary and Cultural Essays*. London: Granta 2001, S. 173–186, hier S. 174, 176–177.

69 Bischoff / Komfort-Hein: Einleitung, S. 3.

70 Doerte Bischoff / Susanne Komfort-Hein: Vom anderen Deutschland zur Transnationalität. Diskurse des Nationalen in Exilliteratur und Exilforschung. In: *Exilforschung* 30 (2012): Exilforschungen im historischen Prozess, S. 243–273, hier S. 250. Die Autorinnen verweisen diesbezüglich auch auf Eva Hausbacher: Migration und Kultur: Transnationale Schreibweisen und ihre postkoloniale Lektüre.

Die mit dieser Öffnung des Exilbegriffs aufgerufenen Diskussionen um „Transkulturalität, Transnationalität, Diaspora, Nomadismus, ‚ZwischenWeltenSchreiben' und [...] Raumkonzepte, wie sie im Rahmen postkolonialer Studien und des Spatial Turn entfaltet wurden"[71], können ob des Umfangs der vorliegenden Studie nicht alle betrachtet werden. Der auf das Forschungsparadigma Transkulturalität gerichtete Fokus ist aber indes nicht als unreflektierter Anschluss an das von Wolfgang Welsch in den 1990er Jahren durch zahlreiche Beiträge entfaltete Transkulturalitätskonzept zu lesen.[72] Vielmehr positioniere ich mich kritisch gegenüber Welschs Konzept, betrachte den Begriff Transkulturalität gegenüber dem der Interkulturalität aber als den im Kontext dieser Untersuchung produktiveren, da ersterer „die Prozessualität und vielgestaltigen Durchdringungen von Kulturen"[73] ins Zentrum stellt. Ich folge damit *nicht* dem Vorschlag des *Metzler Lexikons Literatur- und Kulturtheorie*, den Begriff Interkulturalität „als Oberbegriff für Multi- und Transkulturalität zu konzipieren"[74]. Ortrud Gutjahr zufolge weisen die Konzepte Interkulturalität und Transkulturalität „nicht nur viele gemeinsame Schnittmengen auf[], sondern [sind] beide auch mit dem Dilemma konfrontiert [...], unweigerlich an Zuschreibungsmuster anzuknüpfen, deren Überwindung angestrebt wird"[75]. Der seit den 1980er Jahren als akademische Disziplin gehandelte Begriff ‚Interkulturalität' verpflichtet sich jedoch mit seinen pädagogisch-didaktisierenden Impulsen eher einer hermeneutischen Ausrichtung auf Verstehen und Erkenntnis. Weil ein solches Verständnis im

In: Gisella Vorderobermeier / Michaela Wolf (Hrsg.): *„Meine Sprache grenzt mich an...". Transkulturalität und kulturelle Übersetzung im Kontext von Migration.* Wien / Münster: Lit 2008, S. 51–78.

71 Bischoff / Komfort-Hein: Vom anderen Deutschland, S. 3.

72 Vgl. z. B. Wolfgang Welsch: Transkulturalität. Zwischen Globalisierung und Partikularisierung. In: Paul Drechsel (Hrsg.): *Interkulturalität – Grundprobleme der Kulturbegegnung.* Mainz: Studium generale 1998, S. 45–72.

73 Bischoff: Exil und Interkulturalität, S. 103.

74 Roy Sommer: Interkulturalität. In: *Metzler Lexikon Literatur- und Kulturtheorie*, hrsg. v. Ansgar Nünning. Stuttgart / Weimar: Metzler 2004, S. 295–296.

75 Ortrud Gutjahr: Interkulturalität als Forschungsparadigma und Herausforderung der Germanistik. In: Dies. / Deniz Göktürk / Alexander Honold (Hrsg.): *Interkulturalität als Herausforderung und Forschungsparadigma der Literatur- und Medienwissenschaft. Sektion 21. Akten des XII. Internationalen Germanistenkongresses Warschau 2010. Vielheit und Einheit der Germanistik weltweit*, Bd. 12 hrsg. v. Franciszek Grucza. Frankfurt am Main: Lang 2012, S. 17–22, hier S. 19.

Folgenden aber nicht anvisiert wird, erscheint mir der Forschungsansatz der Transkulturalität in seiner Offenheit auch gegenüber einem Nicht-Verstehen-Können für meine Analyse der produktivere zu sein. Jenseits einer den Rahmen dieser Arbeit übersteigenden Diskussion um Begrifflichkeiten bzw. um die Wahl der Präfixe ‚Inter-', ‚Trans-' oder ‚Multi-' kann sich entlang der Analyse der Tiefensemantiken der Texte im Anschluss an Gutjahr vor allem „erweisen, wie in literarischen Texten plurale Identitäten entworfen werden, die sich in Auseinandersetzungen mit Ansprüchen und Wertvorstellungen Anderer je neu konstellieren"[76].

76 Ortrud Gutjahr: Interkulturalität als Forschungsparadigma der Literaturwissenschaft. Von den Theoriedebatten zur Analyse kultureller Tiefensemantiken. In: Dieter Heimböckel / Irmgard Honnef-Becker / Georg Mein / Heinz Sieburg (Hrsg.): *Zwischen Provokation und Usurpation. Interkulturalität als (un)vollendetes Projekt der Literatur- und Sprachwissenschaften*. München: Fink 2010, S. 17–39, hier S. 39.

II.
Streifzug durch den Balkan: Deutschsprachige Verhandlungen von Goethe bis Handke

„Den unvoreingenommenen Blick auf den Balkan gibt es nicht“[1], konstatiert Previšić 2014. Blicke auf die Balkan-Region scheinen sich immer entlang der Auseinandersetzung mit Machtinteressen zu generieren, wie sie sich erstmalig gegen Ende des 18. Jahrhunderts manifestieren. Reisende aus ‚Westeuropa‘ erkennen jetzt die „besondere, eigene Physiognomie“[2] dieser Teilgebiete des Osmanischen Reichs. Den dortigen Eigentümlichkeiten kommt daraufhin eine Aufmerksamkeit zu, die weit über die bisherige europäische „Behandlung [der Gebiete] als schlichte Provinzen der Osmanen oder einfach als archäologische Standorte“[3] hinausreicht. Obwohl insbesondere literarische Balkan-Verhandlungen aufzeigen, dass es kaum eine geografische Region gibt, „die so sehr zur europäischen Projektionsfläche degradiert wurde und immer noch wird“[4] wie der politisch als ‚Balkan‘ apostrophierte geografische Raum, lässt sich gerade unter Rekurs auf komparatistische Ansätze nachweisen, „mit welchen internen Unterschieden Europa [...das] imaginative[] Kapital [des Balkans] veräußert“[5] hat. So stehen sich die literarischen Projektionen auf das Balkan-Gebiet seitens des angelsächsischen und deutschsprachigen

1 Previšić: *Literatur topographiert*, S. 27.

2 Todorova: *Die Erfindung des Balkans*, S. 95.

3 Ebd.

4 Previšić: *Literatur topographiert*, S. 27.

5 Ebd.

Raums inhaltlich diametral gegenüber. Diese innereuropäischen Differenzen führt Previšić psychoanalytisch argumentierend folgendermaßen aus:

> Im Unterschied zur angelsächsischen Literatur, für die der Balkan seit der osmanischen Zeit immer das ‚andere Europa' und somit das Unbekannte und Fremde darstellt, ist zwischen dem Balkan und dem deutschsprachigen Raum ein ausgesprochen symbiotisches und wechselseitiges Verhältnis feststellbar. Der Balkan bildet hier in historischer Perspektive das Eigene, das Eigentliche, das Ursprüngliche und gerade auch darum das ‚Unheimliche' im Sinne Freuds.[6]

Neben dieser 1919 von Sigmund Freud mit einem Essay vorgelegten Denkfigur des Unheimlichen und ihrer Bedeutsamkeit für deutschsprachige Balkan-Verhandlungen kann Previšić aber zeigen, dass sich auch innerhalb der deutschsprachigen literarischen Balkan-Erkundungen wiederum ein heterogener Diskussionsraum eröffnet. Gerade im langen 19. Jahrhundert fällt die Rezeption des Balkans in der deutschsprachigen Literatur sehr unterschiedlich aus. Begründet liegt dies in einer spezifischen Konstellation der Konkurrenz zwischen Deutschland und Österreich-Ungarn die Politik gegenüber dem Osmanischen Reich betreffend.[7] Previšić spricht diesbezüglich von einer „eigenartige[n] Mischung der Balkanrezeption, ein[em] Konglomerat vorimperialer, vorab deutscher, und imperialer, in erster Linie österreichischer, Fantasien"[8]: „Hier eine Volksidealisierung als Projektionsfläche für das eigene Kulturverständnis, dort die Betonung der Alterität, das ‚Othering', zur Schaffung des eigenen Orients."[9] Trotz aller Differenzen zwischen spezifisch deutschen und spezifisch österreichischen Balkan-Verhandlungen betrachte ich einen von Previšić vorgeschlagenen historischen Abriss für den deutschsprachigen Sprachraum in seiner Gesamtheit entlang einer Einteilung in drei Phasen als äußerst ergiebig.[10] Die Einteilung in eine präimperiale, eine imperiale und eine postimperiale Phase der literarischen Rezeption kann vor allem die den Texten eingeschriebenen Machtinteressen enttarnen. Beleuchtet wird somit die Bedeutung

6 Previšić: *Literatur topographiert*, S. 26.

7 Vgl. ebd.

8 Ebd.

9 Ebd., S. 32.

10 Vgl. ebd., S. 26.

des Balkans für Europa als „Brennofen, unbewusstes Feuer" (GL 135) und als „Labor" (LM 173)[11]. Es zeigt sich, wie sich Europa in Abgrenzung bzw. auf der Folie des Balkans selbstbespiegelt. Ebendiese Bedeutung des Balkans für den deutschsprachigen Literaturraum wäre über einen Streifzug entlang von literaturgeschichtlich und damit zeitlich begrenzten Epochen nur eingeschränkt darstellbar. Zudem würde ein solches Vorgehen die signifikanten deutschen und österreichischen Verhandlungen bzw. deren Diversität nicht gerecht werden. Hingegen kann eine Rezeption, die ein Überlappen und Ineinandergreifen dieser von Previšić vorgeschlagenen Phasen zulässt, meines Erachtens gerade das Eigentümliche in den unterschiedlichen literarischen Verhandlungen des Balkans aufzeigen – das Abarbeiten der Texte an Bedeutungszuschreibungen von Eigenem und Fremdem. Denn gerade die Plots von Balkan-Texten entfalten sich häufig über die Diskussion ebendieser relationalen Termini.

Durch das Herausgelöstsein des Balkan-Gebiets aus dem Osmanischen Reich und durch das imperiale europäische Interesse an der Region erfährt diese spätestens mit den Balkan-Kriegen von 1912/13 und dem sich anschließenden Ersten Weltkrieg eine Stigmatisierung: Der Begriff ‚Balkan' wird nun überwiegend pejorativ als Synonym für Begriffe wie ‚Pulverfass' und ‚Krisenherd' verwendet.[12] Previšić führt diesbezüglich treffend aus, dass Europa zu Beginn des 20. Jahrhunderts „das Fremde in sich selbst [entdeckt] – ohne es internalisieren zu müssen"[13]. Anstelle einer Internalisierung kommt es im Verlauf des 20. Jahrhunderts zu einer zunehmenden Marginalisierung ebenjenes geografischen Gebiets, das laut Robert Bideleux' Artikel „Europakonzeptionen" (2004) in der Antike noch als Europa bezeichnet wurde.[14]

Der im Folgenden über drei Phasen deutschsprachiger Balkan-Verhandlungen angelegte literarische Streifzug setzt mit dem Rekurs auf Johann Wolfgang von Goethe, Jacob Grimm und Johann

11 Der Balkan ist laut Zeh „schon immer ein Labor für die europäische Kultur gewesen. Dort könne man das europäische Wesen auf engstem Raum wie unter dem Vergrößerungsglas beobachten" (LM 173).

12 Vgl. Previšić: *Literatur topographiert*, S. 49.

13 Ebd.

14 Vgl. Robert Bideleux: Europakonzeptionen. In: Karl Kaser / Dagmar Gramshammer-Hohl / Robert Pichler (Hrsg.): *Europa und die Grenzen im Kopf.* Klagenfurt: Wieser 2004, S. 89–111, hier S. 94.

Gottfried Herder zu einer Zeit an, in welcher der Begriff ‚Balkan' noch gemäß des Eintrags des *Zedler-Universallexikon* von 1732 ausschließlich zur Bezeichnung eines sehr großen Berges „in Thracien" verwendet wurde, der „[b]ey den Türcken Balkan, und bey den Italiänern Catena del mondo genennet werde"[15]. Der Streifzug zeichnet *in nuce* nach, wie der heutzutage prominent verwendete Begriff für den südosteuropäischen Raum vom 18. Jahrhundert ausgehend mit verschieden aufgeladenen Projektionen und Imaginationen angereichert wurde, bis nach dem Zerfall Jugoslawiens ein Verständnis des Balkans als Krisenregion Europas vorherrschend ist und ‚der Jugo' schließlich „der Prototyp für den nicht assimilierten, gewalttätigen und triebhaft handelnden Halbeuropäer und Halborientalen, [...] zum Fremdenbild Nummer eins insbesondere im deutschsprachigen Raum der Schweiz und Österreich hochstilisiert [wird]"[16]. Erst im 21. Jahrhundert wenden sich zumindest die kulturellen Produktionen, die Literatur, von solchen Stilisierungen ab. Die von Todorova argumentativ dargelegte Erfindung des Balkans und die ubiquitäre Verwendung von Mental Maps werden fortan kritisch – sowie ironisch – beleuchtet. Insbesondere Juli Zeh gelingt es mit *Die Stille ist ein Geräusch*, derlei politisch wirkmächtige kognitive Landkarten zu dekonstruieren: „Ich sitze in einem Zipfel des Kontinents, so schnell ist man am Ende der Welt. Ich sehe mich selbst als kleine Plastikfigur rechts unten in der Ecke einer Europakarte stehen, winkend." (DS 197)

1. Präimperiale, imperiale und postimperiale Projektionen

Im Laufe des 18. Jahrhunderts wird die Region um den Balkan-Berg zum Interessengebiet dreier Großmächte: Als Ausgleich für seine verlorenen, aber wirtschaftlich bedeutsamen Provinzen Schlesien und Niederlande tastet sich Österreich gen Südosten vor, Russland legitimiert sein südwestlich gerichtetes Machtstreben als Unterstützung orthodoxer Glaubensbrüder, während das zusehends geschwächte und reformorientierte Osmanische Reich seinen Einfluss nicht gänzlich aufzugeben bemüht ist.[17] Die von den Habsburgern angestrebte

15 *Großes vollständiges Universal Lexikon aller Wissenschaften und Künste*, Bd. 3, hrsg. v. Johann Heinrich Zedler. Halle / Leipzig 1732, S. 654.

16 Previšić: *Literatur topographiert*, S. 31.

17 Vgl. ebd., S. 32.

Europäisierung der Region um den Balkan kommt aber bereits mit Beginn des 19. Jahrhunderts zum Erliegen, als Österreich beim Kongress von Verona 1822 einen seitens Montenegros abgesendeten Hilfsappell unbeantwortet lässt. Zeitgleich wächst die Bedeutung der Balkan-Region als Imaginationsraum eines politisch zersplitterten Deutschlands, das sich „vor allem am serbischen Sprachreformer, Volksliedsammler und Ethnologen Vuk Karadžić orientiert“[18]. Im Folgenden soll ebendieser deutsche Nebenschauplatz des Wiener Kongresses als Initial jener Phase zwischen 1820 und 1870 beleuchtet werden, die ich mit Previšić argumentiert als präimperiale literarische Auseinandersetzung mit dem Balkan abbilden möchte.

Zu dieser Zeit verbreitet sich in Deutschland, vornehmlich unter den Intellektuellen, eine ‚Serbophilie‘, die laut Holm Sundhaussen „im Vergleich zum Philhellenismus allerdings weniger erforscht und weitgehend in Vergessenheit geraten ist“[19]. Das Interesse an Vuk Karadžić kulminiert bei Goethe in einer generellen Idealisierung des südslawischen Raums. Die Begegnung von Goethe und Karadžić im Jahr 1823, die Zoran Konstantinović in seinem Buch *Deutsch-serbische Begegnungen* beschreibt,[20] ist demnach eine besonders bedeutsame für die bis in die 1870er Jahre hineinreichende präimperiale Phase der deutschsprachigen literarischen Balkan-Erkundung. So entstehen in den 1820er Jahren die meisten Übersetzungen serbischer Volkslieder ins Deutsche, die von hier aus in weitere Sprachen übertragen wurden.[21] Um diese Volkslieder hinsichtlich ihrer Bedeutung für ein neues deutsches Nationalbewusstsein verstehen zu können, muss man auf das Jahr 1778 und den „Klaggesang von der edlen Frauen des Asan-Aga“ von Karadžić zurückblicken, der in Herders *Volksliedern* in einer Übersetzung von Goethe erschien. Diese hochdramatische Ballade bildet insofern einen literaturgeschichtlichen Höhepunkt, als man davon ausgeht, dass diese Goethe als Vorbild für seine Entwicklung der Gattungstrias gedient hat.[22] Und auch Jacob Grimm ergeht sich in der Vorrede zu Karadžić’ *Kleine serbische*

18 Ebd., S. 33.

19 Holm Sundhaussen: *Geschichte Serbiens. 19. bis 21. Jahrhundert.* Wien / Köln / Weimar: Böhlau 2007, S. 63.

20 Vgl. Zoran Konstantinović: *Deutsch-serbische Begegnungen. Überlegungen zur Geschichte der gegenseitigen Beziehung zweier Völker.* Berlin: Gerlinghoff 1997.

21 Vgl. Previšić: *Literatur topographiert*, S. 33.

22 Vgl. ebd., S. 34.

Grammatik aus dem Jahr 1824 – also fast fünfzig Jahre nach dem Erscheinen der Übersetzung der Ballade – noch immer „in Superlativen und sieht Anlehnungen an den homerischen Gesang und Salomos Hohelied“[23]. Karadžić' Sprache wird Grimm „zum tadellosesten Paradigma […] von der reinen, edlen Volkssprache und Volksdichtung. Für Grimm ist Karadžić die beste praktische Bestätigung seiner theoretischen Betrachtungen“[24]. Es sind, eine Fußnote von Previšić herausstellend, vor allem drei Aspekte, die Karadžić' Sprachideal für die deutschsprachige Rezeption besonders interessant machen: Erstens, die scheinbare Aufhebung der Differenz zwischen Mündlichkeit und Schriftlichkeit, zweitens, die Standardisierung des meistverbreiteten Dialekts im südslawischen Raum und, drittens, die damit einhergehende große Raumerschließung, welche die serbische Sprache nicht nur als nationales, sondern als völkerübergreifendes Projekt sichtbar macht.[25] Laut Previšić ist für eine Rezeption von Herders Idealisierung des Slawischen das sogenannte „Slawenkapitel“ in dessen Schrift *Ideen zur Philosophie der Geschichte der Menschheit* (1784–1791) bedeutend. Diese Textpassage kann mit Sundhaussen auf die folgenden zwei Thesen über das slawische Volk zusammengekürzt werden: Zum einen gehöre, so Herder, dem Osten die Zukunft und zum anderen seien die slawischen Völker ob ihres friedliebenden Charakters Träger der höchsten Humanität.[26] In Folge der Verbreitung ebendieser Thesen wird das südslawische Volk mit Previšić gesprochen „zum idealen Träger eines für Europa einmaligen und lebendigen Kulturarchivs“[27]. Neben Karadžić' Sprachideal ist es insbesondere die Herdersche Symbiose von Volkspoesie und Slawenidealisierung, die zu dieser Idealisierung des geografischen Gebiets und seiner BewohnerInnen beigetragen hat.[28] Der Balkan fungiert folglich als eine Art ‚Echoraum' der deutschen nationalen sowie sprachkulturellen Bestrebungen.

23 Previšić: *Literatur topographiert*, S. 34.

24 Miljan Mojašević: *Jacob Grimm und die serbische Literatur und Kultur*. Marburg: Hitzeroth 1990, S. 58.

25 Vgl. Previšić: *Literatur topographiert*, S. 34, Anm. 34.

26 Vgl. Holm Sundhaussen: *Der Einfluß der Herderschen Ideen auf die Nationsbildung bei den Völkern der Habsburger Monarchie*. München: Oldenbourg 1973, S. 54.

27 Previšić: *Literatur topographiert*, S. 34.

28 Vgl. ebd.

Mit der deutschsprachigen Überhöhung des slawischen Raums ist jedoch auch eine prekäre Entwicklung verbunden, die „eine historisch verstandene Tiefenschärfe und Kontextualisierung“[29] von Karadžić’ Texten ebenso notwendig macht wie die der deutschsprachigen Referenztexte. In seinem Artikel „Die topologische Festschreibung Südosteuropas aus dem Geist der Dichtung“ (2009) verweist Previšić auf die nationalistische Vereinnahmung von Karadžić’ Texten seitens der Serben. Karadžić repräsentiert Previšić zufolge eine der heute noch wichtigsten Ikonen der großserbischen Ideologie. Ebendiese Ideologie hat den kriegerischen Zerfall Jugoslawiens eingeleitet und ethnische Säuberungen in den 1990er Jahren begründet. Previšić führt als Erster die verheerenden Folgen der nationalistischen Vereinnahmung der Texte des serbischen Sprachreformers aus, die unweigerlich einen Schatten auf die deutschsprachigen Bezugnahmen im späten 18. und frühen 19. Jahrhundert werfen. Das bekannte vierfache S („Samo Sloga Srbe Spasava“/„Nur Einheit rettet die Serben“), das im Zweiten Weltkrieg ebenso wie im letzten Bosnienkrieg zu einem elementaren Slogan der Cetniks bzw. der serbischen Militärs und Paramilitärs geworden ist und den bosnischen Opfern mitunter auf die Haut gebrannt wurde, ist gemäß der Analyse Previšić’ als eine Erweiterung von Karadžić’ dreifach verwendetem S – *Srbi svi i svuda* (dt: „Serben alle und überall“) – als Titel einer 1849 publizierten Schrift zu deuten.[30] Obgleich die von einigen GeschichtswissenschaftlerInnen vertretene These, Karadžić’ Texte seien als ‚Wurzeln‘ eines großserbischen Nationalismus anzusehen, aus literaturwissenschaftlicher Sicht begründet zurückgewiesen werden kann, und auch die These sich als haltlos erweist, Vuk Karadžić sei in eine Linie mit dem Kriegsverbrecher Radovan Karadžić zu stellen, zirkulieren diese Thesen in der Geschichtswissenschaft und werden somit ebenso für die deutschsprachigen Referenzen zu Karadžić virulent. Verkannt wird im Kontext solcher Vorwürfe, dass Karadžić unter der Bezeichnung ‚Serben‘ zugleich jene Volksgruppen fasst, „die sich Slawonier, Bosnier oder Bosniaken nennen“[31]. Auch der Vorwurf, seine Heldenlieder handelten zum Großteil von der angeblichen Niederlage seines Volks gegen

29 Boris Previšić: Die topologische Festschreibung Südosteuropas aus dem Geist der Dichtung. Goethe und Vuk Karadžić. In: *Colloquium Helveticum* 39 (2008), S. 139–156, hier S. 151.

30 Vgl. ebd.

31 Ebd.

die Türken auf dem Amselfeld 1389 und würden so den Opfer-Mythos der Serben stützen, ist zurückzuweisen. Denn Karadžić selbst misst laut Previšić' Artikel „immer wieder die Distanz [...] zwischen Faktum und Fiktion [aus]"[32].

Während sich die Projektionen auf den Balkan in der deutschsprachigen Literatur der ersten Hälfte des 19. Jahrhunderts überwiegend auf einen einheitlichen und als ursprünglich imaginierten idealen Sprachraum beziehen, zeichnen die Balkan-Verhandlungen der zweiten Hälfte des 19. Jahrhunderts insbesondere die von der Doppelmonarchie Österreich-Ungarn verfolgten imperialen Ansprüche auf die Balkan-Region nach. In der Zeit von 1878 bis 1918 agiert Habsburg als Kolonialmacht. „[D]ie durch Wien und Budapest gleichzeitig verwaltete und dann annektierte Provinz Bosnien-Herzegowina"[33] belegt ein solches koloniales Bestreben der Doppelmonarchie. Gerade ob der geringen Konkurrenzfähigkeit gegenüber dem Deutschen Reich, Frankreich und England in Bezug auf koloniale Erweiterungen des jeweiligen Machtgebiets forciert die Doppelmonarchie eine Expansion Richtung Südosten.[34] Entgegen der eigenen Darstellung wurde Österreich-Ungarn im Anschluss an den Wiener Kongress von 1878 *nicht* unfreiwillig in eine solche Rolle gedrängt, sondern schrieb sich diese selbst zu.[35] Der Gebietsgewinn Bosnien-Herzegowinas ging mit einer Zerstörung des Selbstbewusstseins der autochthonen Bevölkerung einher, wurde entlang des machiavellistischen Prinzips *Divide et impera* realisiert und beutete die Bevölkerung ökonomisch aus.[36] Die angewendeten Verwaltungsstrukturen können mit denen Großbritanniens in Indien verglichen werden.[37] Quantitativ gesehen lassen sich wenig literarische Verhandlungen dieser imperialen Politik finden. Im Folgenden soll eine literarische Stimme aus Deutschland thematisiert werden, die sich zwar ob ihres unterhaltenden Charakters dem Vorwurf der Trivialität ausgesetzt sieht, meiner Meinung nach aber ob der Vielzahl an Veröffentlichungen und der intensiven Auseinandersetzung mit der europäischen Balkan-Politik eine sehr gewichtige ist.

32 Previšić: Die topologische Festschreibung Südosteuropas, S. 154.

33 Previšić: *Literatur topographiert*, S. 36.

34 Vgl. ebd.

35 Vgl. ebd., S. 32.

36 Vgl. ebd., S. 36.

37 Vgl. ebd., S. 37.

Karl Mays sogenannter *Orientzyklus* erschien zwischen 1881 und 1888 in der katholischen Wochenzeitschrift *Deutscher Hausschatz* in Fortsetzungen unter dem Haupttitel *Giölgeda padiś* (*Im Schatten des Großherrn*). Vier Jahre später publiziert der Freiburger Verlag Friedrich Ernst Fehsenfeld die Texte unter dem Titel *Kara Ben Nemsi im Reiche des Großherrn*. Etwa die Hälfte der sechsbändigen Ausgabe spielt in den Balkan-Ländern, wo ab dem Ende des dritten Bandes der Protagonist Kara Ben Nemsi und sein Begleiter Hadschi Halef Omar einer Verbrecherbande um die Figur Schut auf den Fersen sind. Eine aktuelle Landkarte heranziehend, führt die in den letzten drei Bänden beschriebene Reiseroute

> die Gefährten von Edirne an der Westgrenze der heutigen Türkei durch den Süden Bulgariens bis nach Mazedonien, südlich am heutigen Skopje vorbei nach Shkodër (ehemals Skutari) und Kukës (Rugova) in Albanien sowie an die Adriaküste ins heutige Montenegro bei Bar (Antivari).[38]

Dass May selbst nie in diese Länder reiste, ist heutzutage zwar einem breiten Lesepublikum bekannt, wurde aber vonseiten des Autors selbst und der *Hausschatz*-Redaktion vehement zugunsten einer vermeintlich durch verbürgte Authentizität zu erzielende höhere Verkaufszahl geleugnet. Laut Aussage der *Hausschatz*-Redaktion im März 1881 hat der Verfasser Karl May

> alle Länder, welche der Schauplatz seiner Erzählungen sind, selbst bereist. Unlängst ist er von einem Ausflug nach Rußland, Bulgarien, Konstantinopel etc. zurückgekehrt, und zwar mit Messerstichen als Andenken. Er pflegt nicht, dem rothen Bädeker in der Hand im Eisenbahn-Coupé zu reisen, sondern er sucht die noch wenig ausgetretenen Pfade auf.[39]

Wenngleich der mit diesen Zeilen heraufbeschworene Heldenepos um Karl May längst in seiner suggestiven Aussageabsicht enttarnt wurde, lässt sich doch aber seit der Karl May-Forschung der 1990er Jahre zumindest die intensive Quellenarbeit des Autors belegen, die als Versuch um Authentizität zu deuten ist. Ralf Schönbach hat in einem 1991 publizierten Beitrag herausgearbeitet, dass sich für Mays Balkan-Bände sowohl ethnografische als auch historische

38 Simone Rohe: Karl May und der Balkan: Verbreitung von Vorurteilen? In: *Deutschland & Europa. Reihe für Politik, Geschichte, Geografie und Kunst* 49 (2005), S. 12–15, hier S. 12–13.

39 Zit. n. Dieter Sudhoff/Hartmut Vollmer: Einleitung. In: Dies. (Hrsg.): *Karl Mays Orientzyklus*. Paderborn: Igel 1991, S. 7–30, hier S. 14.

Quellen nachweisen lassen, die mitunter als einmontierte Versatzstücke bzw. Intertexte in den drei Balkan-Bänden auszumachen sind. Gerade die oben nachgezeichnete Reiseroute belegt eindrücklich ein solches Bezugnehmen und Einmontieren von Quellen. Die Reiseroute bezieht sich laut Schönbach auf eine bereits 1880 in Deutschland publizierte Balkan-Karte.[40] Die genaue Kenntnis des Schriftstellers dieser Karte sieht der May-Forscher zu Anfang des Bandes *Durch das Land der Skipetaren* belegt. Eben hier wird auf jene „Doppellinie" verwiesen, die laut Schönbachs Untersuchungen ausschließlich auf der Karte von 1880 verzeichnet ist – und nicht auf „vielen", wie bei May suggeriert wird:[41]

> Da ist zum Beispiel auf vielen Karten eine Doppellinie verzeichnet, welche von dem alten, berühmten Seres nordwärts nach Demir-Hissa und Petrowitsch und von da gegen Nordwesten über Ostromdscha und Istib nach Köprili und Uskab führt. Man schließt aus dieser doppelten Linie, daß da eine gut gepflegte, breite Land- oder gar Heerstraße vorhanden sei – aber wie sieht die Wirklichkeit aus! Von einer Straße in unserm Sinn ist keine Spur. (LS 105)

Diese Beschreibung vermeintlich schlechter Straßenverhältnisse vor Ort in Bezug auf die genannte „Doppellinie" hat die Forschung dazu angeregt, weitere Quellen Mays aufzuspüren. Gerade aber bezüglich der Schilderung von Umgebung und Menschen sind Mays Balkan-Romane unweigerlich dem Vorwurf der bloßen Fiktionalisierung ausgesetzt. Folglich lässt sich für die Balkan-Verhandlung des Autors in seinem *Orientzyklus* von einer zumindest sehr eigentümlichen Vernetzung und Verschleierung von Fakten, Fiktionen und politischem Statement sprechen. Rohe fasst diese pointiert wie folgt zusammen:

> Einerseits transportiert der Autor viele Vorurteile der damaligen Zeit, versucht aber entsprechend seinem christlich-humanistischen Menschenbild gleichzeitig, sozialkritische und kulturpolitische Aspekte zu berücksichtigen.[42]

Dass May mit der Ablehnung imperialer Bestrebungen im wilhelminischen Deutschland um die Jahrhundertwende zu einer Minderheit gehört, die der von Reichskanzler Bernhard von Bülow und Wilhelm II. verfolgten imperialistischen Weltpolitik entgegentritt,

40 Vgl. Ralf Schönbach: „Zu einem guten Kartenleser gehört schon Etwas." Die Quellen der Balkan-Romane Karl Mays. In: Sudhoff / Vollmer (Hrsg.): *Karl Mays Orientzyklus*, S. 202–218, hier S. 202–203.

41 Vgl. ebd., S. 203–204.

42 Rohe: Karl May und der Balkan, S. 12.

kann und soll im Kontext dieser Arbeit und der ihr inhärenten Abkehr von der Kategorie des Autors nicht näher ausgeführt werden. Bezüglich der in den Romanen *In den Schluchten des Balkans*, *Durch das Land der Skipetaren* und *Der Schut* entfalteten Balkan-Bilder ist indes im Anschluss an Wesselin Radkov festzuhalten, dass hier weniger eine literarische Sezierung der balkanischen Gesellschaft angestrebt wird, sondern diese dem Schriftsteller May vielmehr als Folie dient, „um eigentlich rein deutsche Verhältnisse, Begebenheiten, Figuren in verschlüsselter Form zu zeigen [...]“[43]. So ist „in der Gestalt eines türkischen [...] Bei[44] oft ein preußischer Beamter nicht zu verkennen. Ein Zaptije, faul und dumm, ist ein preußischer [...] Polizist in orientalischer Verkleidung“[45]. Obgleich May offenkundig „ein offenes Auge für die politischen Entwicklungen seiner Epoche“[46] hatte, sind für meine Einordnung von Mays Texten vor allem die dort nachweisbaren Bezugnahmen auf die sogenannte Klimatheorie bzw. die aus dem 18. Jahrhundert stammenden Völkertafeln relevant. Hier werden Zusammenhänge zwischen Nationalcharakter, Landschaft und sozialpolitischen Verhältnissen behauptet, die das breite Lesepublikum Mays entsprechend nachhaltig in binären Denkmustern (von Freund und Feind, von Gut und Böse) geprägt haben dürften. Als Beispiel für eine solche stereotype Figurenzeichnung sei eine Passage aus dem fünften Band des *Orientzyklus* aufgeführt. Die Skipetaren, eine Ethnie, deren Angehörige im westlichen Teil der Balkanhalbinsel leben, treten der Charakterisierung der Völkertafeln entsprechend als kampfeslustige und rachsüchtige, häufig auch hinterhältige Gestalten auf (vgl. LS 346, Kap. 6: „Im Turme der alten Mutter“). Vor allem aber betont Mays Ich-Erzähler deren Rückständigkeit und führt diese auf eine dieses Volk angeblich auszeichnende Unverständigkeit zurück:

> „Ich reise nicht, um Geschäfte zu machen. Ich will die Länder sehen, die Völker, welche dieselben bewohnen, ihre Sprachen und Sitten kennen lernen. Deshalb habe ich für eine so lange Zeit meine Heimat verlassen.“
>
> Er sah mich mit ungläubigem Blick an.

43 Wesselin Radkov: Politisches Engagement und soziale Probleme in den Balkanbänden Karl Mays. In: Sudhoff / Vollmer (Hrsg.): *Karl Mays Orientzyklus*, S. 240–254, hier S. 240.

44 Als „Bei“ bzw. „Bey“ wurden zu jener Zeit türkische Militärs (etwa im Rang eines Majors oder Obersts) und zivile Beamte der gehobenen Rangstufe bezeichnet.

45 Radkov: Politisches Engagement und soziale Probleme, S. 240.

46 Ebd.

> „Deshalb? Allah! Was bringt es dir für einen Nutzen, wenn du die Berge und Täler anschaust, die Menschen und die Tiere, die Wüsten und die Wälder? Was hast du davon, wenn du siehst, wie man sich kleidet, und hörst, wie man spricht?"
> Das war die alte Ansicht, welcher ich so oft begegnet war. Diese Leute können es durchaus nicht begreifen, daß man aus rein sachlichem Interesse fremde Völker und Länder besucht. Eine Geschäftsreise, eine Wallfahrt nach Mekka, weiter hinaus geht ihr Verständnis nicht. (LS 348–349)

Der Ich-Erzähler Kara Ben Nemsi belustigt hier den Lesenden durch ein sich anschließendes, seitenlanges Frage-Antwort-Spiel, indem er das Unverständnis der Skipetaren ausstellt. Die Texte Karl Mays manifestieren so jene von einer selbstherrlichen Weltgewandtheit geprägte Haltung der damaligen Zeit, mit der sich der deutschsprachige Raum während dieser imperialen Phase der Balkan-Region zuwandte.

Die von Previšić diagnostizierte postimperiale Phase setzt schließlich mit der Zäsur des Ersten Weltkrieges und dem Zerfall der beiden Imperialmächte, der Habsburgermonarchie und des Osmanischen Reichs, ein.[47] Einem ersten gesamteuropäischen Abarbeiten an dieser historischen Zäsur folgt in der deutschsprachigen Literatur eine Nostalgisierung in Form einer erneuten Idealisierung des Balkans, der Previšić Autoren wie Joseph Roth, Stefan Zweig oder auch Hugo von Hofmannsthal zuordnet.[48] Ihnen folgt erst wieder nach dem Zweiten Weltkrieg eine erneute, intensive literarische Auseinandersetzung mit dem Balkan. Diese greift dann mit ihrer Verhandlung weit in die Vergangenheit zurück und blendet die zeitgenössische Situation des Vielvölkerstaats aus.[49] Dennoch geht mit diesem literarischen Zurückgreifen auf Vergangenes eine interessante Wahl komplexer Narrationsverfahren einher. Den postimperialen Balkan-Narrativen ist ein Überlagern verschiedenster Balkan-Projektionen in Form von Palimpsesten inhärent. Die hierdurch generierten vielschichtigen Narrative bezeugen eine intensive Auseinandersetzung mit dem Balkan-Thema und fordern den RezipientInnen eine genaue Lektüre ab. Als zwei Autoren, die dergestaltige Narrationsverfahren entfalten, benennt Previšić den österreichisch-französischen Schriftsteller Manès Sperber sowie die österreichische Schriftstellerin Ingeborg Bachmann. Im Folgenden werden ausschließlich die literarischen Balkan-Erkundungen Bachmanns in den Blick genommen.

47 Vgl. Previšić: *Literatur topographiert*, S. 41.

48 Vgl. ebd.

49 Vgl. ebd.

Gerade aufgrund der das gesamte literarische Œuvre Bachmanns auszeichnenden Kritik einer „alltäglich herrschenden Gaunersprache“[50] werden hier erstmals von einer weiblichen Stimme postimperiale Zugänge explizit thematisiert und mit einem emanzipatorischen Diskurs verknüpft. Die unvollendet gebliebene Erzählung „Gier“ aus dem *Todesarten*-Projekt weist ebenso Balkan-Bezüge auf wie der als „Miniaturroman“[51] rezipierte Text *Drei Wege zum See* aus dem *Simultan*-Band. *Drei Wege zum See* beschreibt die Suche einer Frau nach sich selbst; der Text fragt mit Attila Bombitz gesprochen nach dem „Kulturanthropologischen, das auch die in der sogenannten neuen Welt weiterlebenden Ursprachen und Schicksalsgemeinschaften bestimmt“[52]. Bombitz führt in seinem Beitrag von 2008 weiter aus, dass *Drei Wege zum See* „ein Denken und Gehen in einem Sprachdenkmal um das Haus ‚Österreich‘, um ein ehemaliges Reich und eine gespenstische Welt, um ihre Ruinen und Grenzen herum beschreibt“[53]. Eine „symbolische Heimkehr aus einer wirklichen Heimatlosigkeit“ münde in einer „innerlich gemachte[n] Heimatlosigkeit“[54]. Die männlichen Figuren um die Protagonistin Elisabeth Matrei stehen stellvertretend für diese alte und für eine neue Welt. Im Anschluss an diese Theorie zweier Welten lässt sich auch die Wahl eines elliptischen Umgangs der Autorin mit der Zeit zwischen 1918 und 1968 deuten: Die Auslassung ebendieser Zeit bildet in der Erzählung einen blinden Fleck. Elisabeths Vater, ihr Bruder und die für den noch herauszustellenden Balkan-Bezug elementaren ‚Trotta-Figuren‘ (Elisabeths Liebe, Franz Joseph, und ihr späterer Geliebter, Franz Josephs Neffe Branco) vertreten die alte Welt – sie identifizieren sich mit dem untergegangenen Habsburger Reich.[55] Diese rückwärtsgewandte Identifikation wird bloßgestellt, wenn Elisabeth ihrem Vater Vladimir Dedijers historische Monografie *Road to Sarajevo* (1966) schenkt: Der Schriftsteller

50 Attila Bombitz: Eine österreichische Geschichte. Wege in und zu Ingeborg Bachmanns Erzählung *Drei Wege zum See*. In: Attila Bombitz / Zsuzsa Bognár (Hrsg.): *„Ihre Worte“. Ein Symposium zum Werk von Ingeborg Bachmann*. Wien: Praesens 2008, S. 73–84, hier S. 73.

51 Sigrid Weigel: *Ingeborg Bachmann. Hinterlassenschaft unter der Wahrung des Briefgeheimnisses*. München: dtv 2003, S. 398.

52 Bombitz: Eine österreichische Geschichte, S. 74.

53 Ebd., S. 79.

54 Ebd.

55 Vgl. ebd., S. 80.

Dedijer kritisiert mit dieser Monografie die kolonialistische Politik der Doppelmonarchie als Auslöser für das Attentat von Sarajewo auf den österreich-ungarischen Kronprinzen 1914 sowie die Verarbeitung dieser Historie seitens der Ersten Republik Österreich. Die Überforderung des Vaters angesichts dieses Buch-Präsents stellt Bachmann sowohl mimisch als auch durch das Schweigen des Vaters aus:

> Ihr Vater bedankte sich stirnrunzelnd für das Geschenk, ein Buch, das sie zufällig gefunden hatte bei einem Antiquar in London, ‚Die Straße nach Sarajewo', mit alten Bildern, und er blätterte darin still, denn das ging ihn etwas an. Zu den Fotos sagte er wenig. (ZS 367–368)

Die Protagonistin Elisabeth Matrei bezeichnet ihren Vater als „ein Relikt" (ZS 366), dessen Zugehörigkeit zu einem „Geisterreich von einer riesigen Ausdehnung" (ZS 367) in der Erzählung mit seiner Weltfremdheit Hand in Hand geht. Neben dem Vater sind es die bereits erwähnten ‚Trotta-Figuren', die ob ihrer Referenz zu Joseph Roths Texten *Radetzkymarsch* (1932) und *Die Kapuzinergruft* (1938) in der Forschung ebenso Beachtung gefunden haben wie aufgrund ihrer Bedeutung für Elisabeth als ihre Befreier von der Geschichte Österreichs und den damit einhergehenden Traditionen. Der Name Franz Joseph Trotta assoziiert die komplexe männliche Genealogie jener Rothschen Figurenkonstellation um u. a. Joseph Trotta (Vater), Franz Trotta (Sohn) und Jungkaiser Franz Joseph I. in den oben genannten Romanen. Roth umkreist in diesen Texten den dynastischen Aufstieg der Trottas vom ärmlichen Stand einer slowenischen Bauernfamilie in den österreich-ungarischen Adel und deren anschließenden Zerfall. Der mit Elisabeth liierte Franz Joseph Trotta wird als eine die Geschichte und Gesellschaft kritisch reflektierende Figur eingeführt, die gerade durch diese Reflexion jedwede Hoffnung in das Lernvermögen und eine positive Entwicklung der Gesellschaft verloren hat. So Trotta in einem Dialog mit Elisabeth: „O zu welcher, welcher Vernunft, wenn sie es bis heute noch nicht getan haben, was in Jahrhunderten ausgereicht, sie zur Vernunft zu bringen." (ZS 388) Ohne die Bedeutung der vielschichtigen Intertextualität bei Bachmann (mit Referenzen zu Karl Kraus, Ludwig Wittgenstein, Robert Musil und Jean Améry)[56] weiter ausführen zu können, sei hier Bachmanns Innovation betont,

56 Vgl. David Dollenmayer: Ingeborg Bachmann Rewrites Joseph Roth. In: *Modern Austrian Literature* 26,1 (1993), S. 59–74, hier S. 65.

Gender-Problematik, Intertextualität und die mit dem Balkan unweigerlich verbundene Geschichte Österreichs miteinander zu verflechten.[57] Die mit der zeitlichen Ellipse ausgelassene Rolle Österreichs im ‚Dritten Reich' korreliert laut Previšić „mit einer topographischen Projektionszone: Gerade der habsburgische Mythos, die Herkunft ‚aus einem Operettenland', macht in den Augen des dem Figurenpersonal Joseph Roths entlehnten Trotta […] die Opferrolle Österreichs im Zweiten Weltkrieg nicht gerade einfach […]."[58] Die schon bei Roth angelegte balkanische Herkunft Trottas weckt nach seinem Freitod in der Protagonistin die Sehnsucht nach dem Balkan als einzig verbleibender Metapher für die Existenz ihres Geliebten:

> Auf dem Höhenweg 1 kam sie wieder zur Zillhöhe mit den Bänken und setzte sich einen Moment, schaute kurz auf den See hinunter, aber dann hinüber zu den Karawanken und weit darüber hinaus, nach Krain, Slawonien, Kroatien, Bosnien, sie suchte wieder eine nicht mehr existierende Welt, da ihr von Trotta nichts geblieben war, nur der Name und einige Sätze, seine Gedanken und ein Tonfall. (ZS 399)

Während die Balkan-Verhandlung bei Goethe, Herder, Grimm und May ausschließlich darauf abzielt, den Balkan als Folie zur Herstellung und Erweiterung eines subjektiven wie nationalen Bewusstseins zu funktionalisieren, öffnet sich das Bachmannsche Erzähl- und Schreibverfahren einer kritischen Perspektivierung der europäischen Geschichte als einer imperialistischen innerhalb des eigenen Kontinents. Aber auch Bachmanns Blick auf den Balkan bleibt – wie der ihrer Protagonistin im obigen Zitat – einer von außen, denn die postimperiale Kritik Bachmanns ist eher im Kontext einer ihr Œuvre auszeichnenden Subjektentgrenzung zu verorten als in Bezug auf den Balkan selbst. Die deutschsprachigen Balkan-Verhandlungen vom 18. bis 20. Jahrhundert konstruieren zudem Balkan-Räume, die unter dem Deckmantel einer vermeintlichen Abkehr von Stereotypen dennoch nicht selten derlei Projektionen und Imaginationen reaktiveren. Bezüglich einer Literatur, die sich mit Handke gegen Ende des 20. und zu Beginn des 21. Jahrhunderts auf den Balkan bzw. auf den Zerfall Jugoslawiens bezieht, ist im Anschluss an Previšić

57 Vgl. Helgard Mahrdt: Philosophischer Kontext, österreichische literarische Tradition und Geschlechterproblematik in Ingeborg Bachmanns Prosa. In: *Trans. Internet-Zeitschrift für Kulturwissenschaften* 7 (1999). http://www.inst.at/trans/7Nr/mahrdt7.htm (Zugriff am 22.08.2016).

58 Previšić: *Literatur topographiert*, S. 43.

folgende Frage zu stellen: „Welche literarischen Verfahren schaffen es, die Perpetuierung von balkanischen Stereotypen im Zusammenhang mit den jüngsten Jugoslawienkriegen zu unterlaufen?“[59]

2. Peter Handke: Monopolisierung und Lähmung der Literaturproduktion?

Previšić insistiert in seiner Habilitationsschrift darauf, dass sich die Schreibstrategie Peter Handkes „aus einer solipsistischen Eigenlogik [nährt], welche ihr Verfahren über den verhandelten Gegenstand stellt“[60]: „So schillernd die Figuren in seinen fiktiven (Balkan-)Texten auch sein mögen, so eindimensional erscheinen die politischen Erklärungsversuche in den (Jugoslawien-)Essays [...].“[61] Die vorliegende Studie, die sich als Erweiterung der 2013 von Finzi und 2014 von Previšić vorgelegten Hochschulschriften versteht, macht es sich zur Aufgabe, die Rede von einer „solipsistischen Eigenlogik“ kritisch zu beleuchten. Im Folgenden werden deshalb zwei ausgewählte Texte Handkes hinsichtlich ihrer Balkan-Narrativik und des von Previšić formulierten Vorwurfs analysiert. Die Auswahl der Texte, ein Reisebericht und eine Erzählung, ist dem Fokus dieser Arbeit auf Erzähltexte geschuldet; der Vielzahl der politischen Essays Handkes wird sich im Kontext dieser Untersuchung nicht zugewendet. Damit wähle ich einen anderen Zugang zu Handkes Texten als Previšić. Wenngleich ich dessen Analyseansatz und damit die Zusammenführung poetischer und politischer Aspekte in Handkes Œuvre vor allem über die Einbeziehung der journalistischen Essays besonders ertragreich finde, ich mich teilweise der von ihm postulierten Ansicht anschließe, dass eine rein literaturwissenschaftliche Einschätzung der Texte von Handke „an ihre Grenzen getrieben [wird]“[62], übersteigt ein solches Zusammendenken doch aber den Umfang dieser Untersuchung. Ein Blick auf die politische Tragweite von Handkes Schriften würde die Textanalyse zudem unweigerlich an die von mir bewusst ausgesparte Kategorie des Autors rückbinden. Martin Sexls Beitrag „Literatur als Bildkritik. Peter Handke und die

59 Previšić: *Literatur topographiert*, S. 68–69.

60 Ebd., S. 14.

61 Ebd.

62 Ebd., S. 241.

Jugoslawientexte der 1990er Jahre" (2011) kann meines Erachtens als Beispiel dafür angeführt werden, dass ein biografisch motivierter Analyseansatz literaturwissenschaftlich wenig produktiv ist. Sexl beginnt seinen Beitrag wie folgt:

> Seit Beginn seines literarischen Schaffens in den 1960er-Jahren interessiert sich Peter Handke für seine ‚Gehheimat' Slowenien, hat doch ein Teil seiner familiären Vorfahren slowenische Wurzeln, auf deren Spurensuche er sich bereits in jungen Jahren begibt.[63]

Sexl macht dennoch darauf aufmerksam, dass Handke sich literarisch bereits in den 1960er Jahren thematisch dem Balkan genähert hat und dieses damals entfachte Interesse seitdem keinen Abbruch fand. So kreist auch eine der jüngeren Buchpublikationen Handkes von 2011 um politische Ereignisse auf dem Balkan der späten 1990er Jahre: In *Die Geschichte des Dragoljub Milanović* erzählt Handke von der irrwitzigen Verurteilung des ehemaligen Direktors der serbischen Rundfunk- und Fernsehanstalt, der wegen der Ausstrahlung staatlich sanktionierter Bilder für das Nato-Bombardement seines eigenen Senders Radio-Televizija Srbije (RTS) verantwortlich gemacht wird. Bei Erscheinen des Buches sitzt Milanović seit acht Jahren im Gefängnis.

Die Vielzahl von Handkes Balkan-Publikationen expliziert und unterstreicht den wichtigen Platz, den sein vielseitiges schriftstellerisches Œuvre „[i]n der deutschsprachigen Rezeption der postjugoslawischen Kriege und in der öffentlichen Wahrnehmung [dieser einnimmt]"[64]. Da mit einer Jahrzehnte umfassenden literarischen Verhandlung eines Themas immer auch die Entwicklung und Realisierung unterschiedlicher Schreib- und Erzählverfahren ein und desselben Schriftstellers von einer literaturwissenschaftlichen Untersuchung mitbedacht werden sollte, wähle ich für die folgende Analyse zwei Texte Handkes aus, die ob ihrer weit auseinander liegenden Erscheinungsdaten eine solche potenzielle Entwicklung des Autors und der von ihm gewählten Themen zum Ausdruck bringen könnten. Den ersten Referenztext meiner Untersuchung bildet der kurz nach der Unterzeichnung des Dayton-Vertrags auf jeweils vier Seiten

63 Martin Sexl: Literatur als Bildkritik. Peter Handke und die Jugoslawienkriege der 1990er Jahre. In: Gansel / Kaulen (Hrsg.): *Kriegsdiskurse in Literatur und Medien nach 1989*, S. 89–106, hier S. 89.

64 Previšić: *Literatur topographiert*, S. 241.

in den Samstagsausgaben (5./6. und 13./14. Januar 1996) der *Süddeutschen Zeitung* erschienene Reisebericht *Gerechtigkeit für Serbien. Eine winterliche Reise zu den Flüssen Donau, Save, Morawa und Drina*. Bereits kurz nach Erscheinen in der Wochenendausgabe wird dieser Text bei Suhrkamp publiziert.[65] Wenngleich hier nicht auf die sich um den Text entfaltete Polemik und den Widerstreit zwischen einer politisch journalistischen Semantik einerseits und einem literarisch essayistischen Modus andererseits eingegangen werden kann, halte ich den Text ob seines Status als „größte Kontroverse, welche das deutschsprachige Feuilleton"[66] ausgehandelt hat, literaturhistorisch und – insbesondere zur Betrachtung deutschsprachiger Balkan-Narrative – für besonders bedeutsam. Der ebenfalls seitens des Feuilletons und der Forschung viel beachtete zweite Referenztext meiner Analyse ist die 2008 veröffentlichte Erzählung *Die morawische Nacht*. Die Wahl fiel nicht zuletzt wegen des Publikationsdatums auf diesen Text Handkes, der zwei Jahre *nach* Saša Stanišić' *Wie der Soldat das Grammofon repariert* und sechs Jahre nach Juli Zehs *Die Stille ist ein Geräusch* erschien. Der aktuellere Balkan-Text Handkes könnte sich von einer jüngeren AutorInnen-Generation inspiriert zeigen, die literarisch ebenfalls den Balkan verhandelt. Und gerade weil Zeh und Stanišić in ihre Texte intertextuelle Referenzen zu Handke einflechten, ist zu prüfen, ob Handke wiederum selbst auf die Texte seiner KollegInnen rekurriert.

Zum Zeitpunkt der Veröffentlichung von *Eine winterliche Reise* herrscht im deutschsprachigen Raum ein mediopolitischer Diskurs bezüglich der postjugoslawischen Kriege vor, der das Bild der Serben als nationalistisches und gewalttätiges Tätervolk propagiert, während die Bosnier als Opfer der kriegerischen Auseinandersetzungen gelten. Mit Slavoj Žižek gesprochen sichert dieses binäre Täter-Opfer-Denken einen „phantasmatischen Rahmen"[67] des Krieges. Insofern ist nachvollziehbar, dass bereits Handkes Serbienreise an sich von der medialen Öffentlichkeit als provozierender Akt aufgefasst wurde.

65 Hier erscheint der Text dann mit dem von Handke erwünschten Titel *Eine winterliche Reise zu den Flüssen Donau, Save, Morawa und Drina oder Gerechtigkeit für Serbien*.

66 Previšić: *Literatur topographiert*, S. 245. Vgl. dazu auch Finzi: *Unterwegs zum Anderen?*, S. 85.

67 Slavoj Žižek: Underground oder: Die Poesie der ethnischen Säuberung. In: *ÖZG* 8,4 (1997), S. 587–593, hier S. 590.

Wenn Handke zu Beginn von *Eine winterliche Reise* von seinem mit Kriegsausbruch geweckten Wunsch berichtet, „das Land der allgemein so genannten Aggressoren" (WR 39–40) zu bereisen, ist dies bereits als die den Handkeschen Text kennzeichnende Kritik an der deutschsprachigen Kriegsberichterstattung zu lesen. „Was weiß ein Fremder?" (WR 85, 155), fragt sich der Ich-Erzähler wiederholt und stellt damit die Unwissenheit eines westeuropäischen Blicks auf die Balkan-Region aus bzw. kritisiert, dass alles vermeintliche Wissen einer Schwarz-Weiß-Malerei der Medien entspringt.[68] Mit seiner Reise und ihrer literarischen Aufbereitung postuliert Handke nun ein authentisches Erzählen vom Krieg jenseits der von den Medien verbreiteten stereotypen und stigmatisierenden Anrufungen der Serben als Tätervolk. Eindrücklich belegt auch Finzis Monografie – unter Verweis auf eine Vielzahl publizierter Hochschulschriften zur Rolle der Medien für die Konstruktion gesellschaftlicher Realitäten –, dass in der deutschsprachigen Medienlandschaft bevorzugt kroatische und bosnische Opfer abgebildet und bezüglich der Serben als angebliches Tätervolk zahlreiche Negativ-Stereotype wirkmächtig eingesetzt wurden.[69]

Eine winterliche Reise gliedert sich in vier Teile: an einen Prolog, der die deutschsprachige Berichterstattung über die Jugoslawienkriege kritisch hinterfragt, schließt eine erste kreisförmige Reisebewegung (von Belgrad nach Ost- und Mittelserbien und wieder zurück) an, gefolgt von einer zweiten, ebenfalls kreisförmigen Reisebewegung (an die Drina, an die Grenze zu Bosnien, und wieder zurück nach Belgrad), bevor der Text seinen Ausklang in einem Epilog findet, in welchem Handke seine Reise Revue passieren lässt. Die Beschreibungen der zwei Reisen sind folglich Binnenerzählungen, die von den Paratexten (Pro- und Epilog) und dem in diesem vorherrschenden politisch-polemischen Erzählgestus gerahmt werden. Mit der Gliederung des Textes geht eine Aufteilung der Erzählinstanzen in einen

68 Finzi führt diesbezüglich aus: Die von Handke vorgenommene Kritik und fallweise auch Schelte der Medien ist dabei vor dem Hintergrund eines nach dem Fall der Mauer wachsenden Bedeutungs- und Autoritätszuwachses ebendieser zu verorten bzw. als Kritik des neuen Sprach-, Bild- und Denkmonopols der Medien. (Finzi: *Unterwegs zum Anderen?*, S. 159. Vgl. dazu auch Thomas Deichmann: Einleitung. In: Ders. (Hrsg.): *Noch einmal für Jugoslawien: Peter Handke*. Frankfurt am Main: Suhrkamp 1999, S. 9–16, hier S. 11.)

69 Vgl. Finzi: *Unterwegs zum Anderen?*, S. 160, Anm. 478.

extra- und einen intradiegetischen Erzähler einher. Der ambivalent rezipierte Text, der die Grenzen zwischen Fiktion und Faktualität aufweicht, bündelt meines Erachtens Balkanismen. Nicht nur der Ich-Erzähler geriert sich als einer, dem stereotypes Denken nicht fern liegt, auch seinen Reisebegleitern Žarko R. und Zlatko B. legt Handke Balkan-Stereotype in den Mund. So zögert beispielsweise Zlatko B., „mit dem eigenen Auto [nach Serbien] zu kommen, weil das, so hatte er gehört, in seiner serbischen Heimat sofort wieder gestohlen werden würde" (WR46). Wenngleich die Bedenken der Figur Zlatko B. sich unbedingt auch als Ergebnis der omnipräsenten und medialen Balkan-Berichterstattung lesen lassen, ist zu fragen, ob die Vielzahl derartig eingespielter Stereotype noch als subversives Verfahren betrachtet werden kann oder als Transportation tradierter Balkan-Stereotype. Finzi spricht bezüglich der zweischneidigen Verwendung stereotyper Balkan-Bilder von einem „halbherzig[en]"[70] Umgang des Autors mit Balkanismen. Handke wirke Finzi zufolge „unentschlossen, wenn nicht [sogar] kontraproduktiv"[71]. Wenn in Handkes Text die Männer-Figuren eben noch „als [zu] glattrasiert für balkanische Verhältnisse" (WR85) aufgerufenen werden, wenig später ihre Erscheinung als „weder europäisch noch freilich orientalisch" (WR86) umschrieben wird, ist eindrücklich die Ambivalenz des Textes aufgezeigt. Die Kategorien von Eigenem und Fremdem stehen dort unvermittelt nebeneinander, ohne dass es zwischen ihnen zur Verhandlung von Austauschprozessen käme. Bei einer Schilderung des regen Treibens auf dem Markt von Smederevo wird so alles ‚Balkanische' exotisiert und ins Groteske verzerrt, wenn beinahe kafkaesk von den dort feilgebotenen „raubtierspitzmäuligen, oft märchendicken Flußfischen" (WR97) die Rede ist. Passagen wie diese geben Anlass, den Text nicht ausschließlich als (gelungene) Kritik einer medialen deutschsprachigen Kriegsberichterstattung zu deuten, sondern regen dazu an, Handkes Sprechen von „reinen Opfer[n]" einerseits und „nackte[n] Bösewichte[n]" (WR64) andererseits gerade als Perpetuierung undifferenzierter Wahrnehmungsmodi zu lesen. Finzi scheut nicht davor zurück, Handke einen „enervierte[n], despektierliche[n] und besserwisserische[n] Gestus"[72]

70 Finzi: *Unterwegs zum Anderen?*, S. 170.

71 Ebd.

72 Ebd., S. 166.

zuzuschreiben, der auch in seinem Erzählen von dem 1992 unter serbischem Boykott begonnenen Unabhängigkeitsreferendum Bosnien-Herzegowinas nicht abbricht, sondern sich dann sogar noch mit einem pejorativen Sprachgebrauch verbindet:

> Wie sollte, war gleich mein Gedanke gewesen, das nur wieder gut ausgehen, wieder so eine eigenmächtige Staatserhebung durch ein einzelnes Volk – wenn die serbokroatisch sprechenden, serbischstämmigen Muselmanen Bosnien denn nun ein Volk sein sollten – auf einem Gebiet, wo noch zwei weitere andere Völker ihr Recht, und das gleiche Recht!, hatten, und die sämtlichen drei Völkerschaften dazu kunterbunt, nicht bloß in der meinetwegen multikulturellen Hauptstadt, sondern von Dorf zu Dorf, und in den Dörfern selber von Haus zu Hütte, neben- und durcheinanderlebten? (WR 64–65)

Es sind vor allem diese „(ab)wertende[n] Einschübe“[73], die den RezipientInnen bei der Lektüre stocken lassen und meiner Meinung nach nachdrücklich die These Finzis und Previšić' unterstreichen, dass Handke mit seinem Balkan-Œuvre keinen Beitrag zur literarischen Reflexion der kriegerischen Konflikte bzw. dessen medialen Vermittlung leistet. Im Gegenteil betont Previšić, „dass die Wiederkehr ähnlicher Motive und Themenkomplexe die Frontenbildung verhärte[n ließ]“[74]. In gleicher Weiße betont Karl Wagner in seiner Monografie zu Peter Handke von 2010, dass sich die Erörterung der kriegerischen Ereignisse des österreichischen Schriftstellers in einem „Schematismus des reinen Gegensatzes“[75] verfängt. Gerade wegen der hier entfalteten Poetologie aus Gegensatzpaaren wird *Eine winterliche Reise* in der öffentlichen Wahrnehmung als Markierung des „endgültigen Wendepunkts [Handkes] zum politischen Autoren“[76] verhandelt. Gerade diese öffentliche Diskussion des Textes ist es, die Finzi und Messner dazu verleitet hat, Handke eine „Monopolisierung des (literarischen) Redens und gleichzeitige Lähmung etwaiger weiterer literarischer Interventionen“[77] vorzuwerfen. Doch eine genaue

73 Ebd., S. 167.

74 Previšić: *Literatur topographiert*, S. 241.

75 Karl Wagner: *Weiter im Blues. Studien und Texte zu Peter Handke*. Bonn: Weidle 2010, S. 269.

76 Boris Previšić: Wo beginnt die Geschichte? Der Zerfall Jugoslawiens und Peter Handkes permanente Metalepsen. In: Jacek Rzeszotnik (Hrsg.): *Schriftstellerische Autopoiesis*. Darmstadt: Büchner 2011, S. 79–96, hier S. 86. Previšić vertritt demgegenüber die Ansicht, dass *Eine winterliche Reise* „noch gar nicht das radikalste Produkt“ Handkes bezüglich politischer Parteinahmen repräsentiert (ebd.).

77 Finzi: *Unterwegs zum Anderen?*, S. 20.

Untersuchung muss meines Erachtens zu dem Schluss kommen, dass vielmehr die raumgreifende Rezeption des Textes und nicht der Text *sui generis* eine Monopolisierung des Balkan-Themas bewirkt hat. Es ist vor allem eine Zentrierung in der Rezeption der Debatte auf die Person Handke, die „in der Öffentlichkeit eine intellektuelle Markierung [hinterließ]“[78]. So formuliert Previšić überzeugend, dass der Literaturbetrieb „das Phänomen des politischen Handkes zu bedienen weiß und dadurch in eigener Sache für Publizität [ge]sorgt [hat]“[79]. Inwieweit Handke als Person für die von Finzi und Messner postulierte Lähmung deutschsprachiger Balkan-Narrative verantwortlich gemacht werden kann, muss dabei offen bleiben.

Für Handkes aktuelleren Balkan-Text *Die morawische Nacht* lässt sich zwar eine Erweiterung der bis dahin Ich-Erzählfigur fokussierten Narrationen ausmachen, die auch ein dichotomisches Denken des Ich-Erzählers über den Balkan zu konterkarieren vermag, gleichwohl wird aber hier kein Kontrapunkt zu dem Handkes Texten scheinbar inhärenten serbischen Opferdiskurs eingeführt.[80] Zwölf Jahre nach dem Erscheinen von *Eine winterliche Reise* erzählt Handke mit *Die morawische Nacht* von der Balkan-Reise eines sogenannten Ex-Autors. Mit der Betrachtung dieses Textes möchte ich herausarbeiten, dass 2008 bei Handke – nach dem Erscheinen der Texte von Juli Zeh und Saša Stanišić – tradierte und stereotype Balkan-Bilder reaktiviert werden. Zwar kennzeichnet diesen Text – wie auch den zuvor untersuchten – eine Kritik der medialen Kriegsberichterstattung – Wissen über den Balkan wird hier als eigentliches Unwissen enttarnt –, aber die ubiquitäre Verwendung des Adjektivs ‚balkanisch‘ zur Beschreibung jedweder Eigenschaften der Einheimischen lässt mich auch diesen Text als Anhäufung von Balkanismen wahrnehmen. Es wird von „altbewährten Balkansitten“ (MN 15), von einer „verdammte[n] neubalkanische[n] Unzugänglichkeit, Verschlossenheit, Unansehnlichkeit“ (MN 73) ebenso gesprochen wie von einer spezifisch balkanischen Kleidung (vgl. MN 25) oder von einem „balkankarierte[n] Taschentuch“ (MN 95). Am Ende der Erzählung befindet sich der

78 Messner: ‚Literarische Interventionen‘, S. 108.

79 Previšić: Wo beginnt die Geschichte?, S. 86.

80 Vgl. Boris Previšić: Zwischen Diskursivität und Faktualität: Interkulturalität und literarische Imagination auf dem balkanischen Prüfstand des jugoslawischen Zerfalls. In: Heimböckel / Honnef-Becker / Mein / Sieburg (Hrsg.): *Zwischen Provokation und Usurpation*, S. 191–203, hier S. 202.

Protagonist wieder auf dem titelgebenden Hausboot „Morawische Nacht" (MN 8) – und somit am Ort des Reisebeginns. Wie bereits in *Eine winterliche Reise* ist die Reisebewegung kreisförmig angelegt. Dem Lesenden drängt sich die Frage auf, ob hier nicht nur die Reiseroute, sondern darüber hinaus auch die mentale Auseinandersetzung mit dem Balkan kreisförmig – *ad absurdum* – verläuft. Das Close Reading einer wie mir scheint äußerst emphatischen Passage gegen Ende von *Die morawische Nacht* zeigt, dass Handkes Erzählung den Balkan zwar als soziokulturelles und politisches Konstrukt enttarnt, wenn dieser überall – im Harz, nahe Wien oder auf einer zentralen Hochebene in Spanien – verortet wird, der Balkan aber dabei stets als Sinnbild für das Andere, das Unheimliche und damit als etwas das Eigene Bedrohende inszeniert wird.

> Endlich dann zurück auf dem Balkan, der diesen Namen verdient. Mochte er auch für die große Mehrheit ein Schimpfwort sein: für ihn, und ebenfalls für uns, seine Zuhörer in der Morawischen Nacht, war er etwas anderes. Wo hat er begonnen, sein und unser Balkan? Schon lange vor der geographischen und morphologischen Grenzlinie. Balkan, das war zum Beispiel augenblicksweise die Steppe um das verschwundene Numancia in Altkastilien gewesen, als dort ein zerrissener blauweißer Plastiksack an einer Blaudistel hing und im Wind knisterte. Balkan: die getigerte Falkenfeder neben dem toten Rehbock, der sich bei dem Sturz von einem Kalkfelsen das Genick gebrochen hatte, im deutschen Harz. Die Pfahlhäuser an der Donau östlich von Wien, mit dem im Leeren aufgehängten Reusen und dem Gerümpel unter den Häusern in dem Geviert der Pfähle, die ausgedienten Kühlschränke, Gasflaschen, Autoreifen: Balkan. Der Holz- und Kohlenrauch aus dem Rauchfang des Maultrommlerwirtshauses und die Äpfel dort zwischen den doppelt bodennahen Fenstern. Der Sägebock neben dem Großvater- und Bruderhaus, umgekippt, halbbegraben zwischen Getränkekisten, Steinhaufen, Teerpappe, Kohlstrünken, vertrockneten und neu austreibenden Zwiebeln. Das Tuten eines Zuges, von sehr weitem voraushallend in einer Karstschlucht. Die Schmetterlingspaare in der Sonne, wie sie einander wo auch immer auf der Reise durch Europa auf engstem Raum umtanzten, kaum mehr als daumennagelgroß, rotbraun, mit dem Muster eines orientalischen Teppichs aus Kreisen und Dreiecken auf den Flügeln, und die jeweils als drei, wenn nicht mehr erschienen: all das war schon im voraus der Balkan. (MN 523–524)

Die Verortungen und imaginationsreichen Aufladungen des Balkans seitens des Ich-Erzählers werden mit denen des Lesepublikums verschränkt, wenn durch die Verwendung des Possessivpronomens von „unser[em] Balkan" gesprochen wird. Ein Pakt zwischen dem Erzähler und den LeserInnen wird hier heraufbeschworen: Wir, die deutschsprachige Lesegemeinschaft, sind den von dem Ich-Erzähler erzeugten Mystifikationen rund um den Balkan ausgesetzt, sind einem Balkan ausgesetzt, der überall auftaucht und im Sinne Freuds als unheimlich zu bezeichnen ist.[81] Dass das Fremde/Unheimliche in das Eigene/Heim eindringt, zeigt sich insbesondere durch die dem semantischen Feld Verwandtschaft/Familie zuzuordnende Rede vom „Großvater- und Bruderhaus", das übersät von Unkraut verlassen zwischen Schutt und Steinhaufen steht. Die als Balkan apostrophierten Orte und Regionen sind unbewohnt und wirken in ihrer Düsterheit verwunschen. Der tote Rehbock sowie die „Karstschlucht" rufen zudem schauerhafte Assoziationen und Szenen von Mord, Einverleibung und Verlorengehen auf, die vor allem von der gespenstig beschriebenen Geräuschkulisse szenisch Ergänzung finden. Der „Holz- und Kohlenrauch" erinnert an Nebel oder zumindest eine diffuse Wahrnehmung und ruft dadurch Gefühle des Alleinseins ebenso wie solche der Dissoziation auf. Wenngleich die Schmetterlinge zunächst eine Belebung der Szenerie versprechen, erweisen gerade sie sich als bedrohlich: nicht nur dass sie eng umtanzend durch Europa reisen, in ihrem wilden Zusammenspiel also nicht fassbar sind, auch die Beschreibung ihrer Flügel ruft die als aggressiv und wild rezipierte Farbe Rot auf, die sinnbildlich für Verführung steht. Wenn das Muster auf den Schmetterlingsflügeln darüber hinaus als orientalisch beschrieben wird und die Punkte auf diesen sich kaum zählen lassen, werden erneut Elemente des Orientalischen und Mystischen performativ in den Text eingewoben.

In einer Erzählung von Marica Bodrožić aus ihrem 2002 erstveröffentlichten Erzählband *Tito ist tot* wird Schmetterlingen ebenso eine in der historisch gewordenen Region Dalmatien bekannte und tradierte mystische Bedeutung zugeschrieben. So heißt es in *Mein Onkel Joseph*:

> In der Gegend, aus der ich stamme und in der auch mein Onkel zur Welt kam, gibt es Schmetterlinge, denen man nachsagt, sie seien verwunschene Hexen, und Feen, die eher böse und mehr Unglück als Glück bringen. Sie wohnen in jedem Haus, sie verfluchen die Menschen und rauben ihnen die Augen, den Verstand und die Ohren. Sie plagen das schwache Herz und rechnen auf die menschliche Schwäche wie auf den Wechsel der Jahreszeiten.[82]

81 Vgl. Sigmund Freud: Das Unheimliche. In: Ders.: *Studienausgabe*, hrsg. v. Alexander Mitscherlich / Angela Richards / James Strachey, Bd. 4: Psychologische Schriften. Frankfurt am Main: Fischer 1982, S. 241–274.

82 Marica Bodrožić: Mein Onkel Joseph. In: Dies.: *Tito ist tot*. München: btb 2013, S. 23–31, hier S. 30.

Handkes Beschreibungen und Verortungen des Balkans marginalisieren ebendiesen nicht, sondern befreien ihn vielmehr von einer geografisch fixierbaren sowie von einer mentalen Verortung. Die LeserInnen werden angeregt, das Konstrukt ‚Balkan' als ein solches im eigenen Denken und Sprechen zu entlarven. Dennoch wirft der Text die Lesenden auf sich zurück – wirft ihn in das obig beschriebene düstere Szenario ohne alternative Deutungsangebote. So erweist sich zusammenfassend die Vermutung als gerechtfertigt, dass Handkes „polemischer Ton mehr zur Verwirrung als zur Klärung oder gar Aufarbeitung der kriegerischen Ereignisse beigetragen [hat]"[83].

3. Vorläufiger Ausklang und Exkurs: *Die Erfindung des Balkans*

Literatur konstruiert, so das Ergebnis meiner bisherigen Textarbeit, spezifische Balkan-Bilder, die rezeptionsästhetisch in neue Verhältnisse und Diskurse gebracht werden können. Die mittels dieses Streifzugs abgebildeten literarischen Projektionen auf den Balkan von Goethe bis Handke belegen, dass sich einer vermeintlichen Abkehr von Stereotypisierungen und Stigmatisierungen zum Trotz fortwährend Erzähl- und Schreibverfahren finden lassen, die im Anschluss an Todorova nicht auf Balkanismen verzichten. Die expliziten oder impliziten Bezugnahmen auf den Balkan werden von den untersuchten Texten häufig mit dem ebenfalls fragwürdigen Begriff ‚Europa' enggeführt. Beide Begriffe werden somit wiederholt in ein historisch wechselndes diskursives Spannungsfeld gesetzt. In Anlehnung an den Titel der Monografie von Previšić lässt sich zudem diagnostizieren, dass die deutschsprachige Literatur den Balkan topografiert und sich durch diese narrativ erzeugten Balkan-Topografien Mental Maps beim Lesepublikum einprägen. Insbesondere Karl Mays Balkanbände haben mehrere Lesegenerationen hinsichtlich ihrer Vorstellungen vom Balkan beeinflusst. Derartige literarische Erkundungen des Balkans können ebenso kritisiert werden wie die von Handke zum Gegenstand seiner Kritik ernannte mediale Berichterstattung. Wenngleich die Literatur im Gegensatz zur medialen (Kriegs-)Berichterstattung nicht dem Diktum der Authentizität und einem Bildungsauftrag ausgesetzt ist, hinterlässt auch sie prekäre Konstruktionen des Balkans bzw. schreibt tradierte und stereotype

83 Previšić: Wo beginnt die Geschichte?, S. 85–86.

Balkan-Bilder im Gedächtnis der LeserInnen fort. Zugleich gilt: Stereotype gibt es nie *nicht*. Ihre generelle Verneinung würde ihre diskursive Existenz erst perpetuieren.[84] Wie kann und sollte Literatur demnach also anders auf eine schwierige oder zum Teil kaum zu verbalisierende Wirklichkeit der postjugoslawischen Kriege reagieren? Ebendiese Frage nach der Erzählbarkeit der Kriege wird im folgenden Kapitel die Auseinandersetzung mit den drei Gegenwartstexten begleiten. Die Erzählbarkeit der postjugoslawischen Kriege sowie der Balkan hinsichtlich seiner räumlich-geografischen Verortung werden hier generell überraschend anders bzw. neu verhandelt.

Im historischen Rückblick auf die literarischen Konstruktionen des Balkan-Raums bei Goethe, Herder und Grimm hat sich eine Idealisierung des Balkans herauskristallisiert, die eindrücklich belegt, dass den Negativ-Konnotationen auch positive Überhöhungen vorausgegangen sind. Idealisierungen und Prejorisierungen erscheinen als zwei extreme Formen der literarischen Erkundung des Balkans. Gerade unter Rekurs auf diese entfalteten imaginativen Extremata in der Darstellung bzw. symbolischen Aufladung des Balkans erschließt sich Todorovas Theoriebildung. Ihre methodischen und theoretischen Anleihen bei der von Said vorgelegten Orientalismus-Theorie sind schlüssig.

> Wie der Orient, so hat auch der Balkan als Auffangbecken für negative Eigenschaften gedient, das für die Konstruktionen des positiven und selbstzufriedenen Bildes Europas und des ‚Westens' notwendig war. Mit dem Wiedererstehen des Ostens und des ‚Orientalismus' als eigenständige[n] semantische[n] Werte[n] blieb der Balkan Europas unterdrücktes, antizivilisatorisches Alter ego, die ‚dunkle Seite'.[85]

Ausgiebig widmet sich Todorova den Funktionen der Balkan-Bilder und stellt die „multiple Identität"[86] des Balkans als Name, Metapher, Region oder als historisches Vermächtnis heraus. Todorovas verdienstvolle Studie wurde seit ihrer Publikation von Holm Sundhaussen intensiv – teilweise kritisch – ergänzt. Denn wenngleich der Balkanismus sicherlich ein Konzept des westlichen hegemonialen

84 Vgl. Previšić: *Literatur topographiert*, S. 449.

85 Maria Todorova: Der Balkan als Analysekategorie: Grenzen, Raum, Zeit. In: *Geschichte und Gesellschaft* 28,3 (2002), S. 470–493, hier S. 473.

86 Maria Todorova: Historische Vermächtnisse als Analysekategorie. Der Fall Südosteuropa. In: Kaser / Gramshammer-Hohl / Pichler (Hrsg.): *Europa und die Grenzen im Kopf*, S. 227–252, hier S. 232.

Diskurses ist, lassen sich neben den Fremdstilisierungen gleichfalls Eigenstilisierungen ausmachen, die darauf schließen lassen, dass die Generierung von Balkanismen mitunter ebenso in der Region selbst zu verorten ist und in einer „immanenten Logik der Selbstkonstituierung“[87] begründet liegt. Neben Heterostereotypisierungen kommen folglich in gleicher Weise Autostereotypisierungen zur Anwendung. Gerade die intensive und immer noch währende Diskussion der Historiker Todorova und Sundhaussen kann von einer literaturwissenschaftlichen Analyse, die auch die Frage nach einem Balkan Turn zu diskutieren beabsichtigt, nicht ausgespart werden. Denn die historische Debatte entfaltet sich zum Beispiel bereits um die Verwendung des Begriffs ‚Balkan‘ bzw. ‚Südosteuropa‘ als Stellvertreter für ersteren. Sundhaussen unterscheidet zwischen einem eng gefassten ‚Balkan‘- und einem weiter gefassten ‚Südosteuropa‘-Begriff. Zu letzterem zählen seiner Argumentation entsprechend geografisch folgende Länder/Regionen: Bosnien-Herzegowina, Serbien, Kosovo, Montenegro, Makedonien, Bulgarien, die europäische Türkei, Griechenland und Albanien sowie die Slowakei, Ungarn, Kroatien, das rumänische Banat, Siebenbürgen und die rumänischen Fürstentümer Walachei und Moldau.[88] Den Balkan fasst Sundhaussen als einen dezidiert historisch-geografisch fixierten Raum auf, den er anhand einer Merkmalsliste von acht Faktoren erörtert.[89]

Ausgehend von Sundhaussens Begriffsunterscheidung möchte ich erläutern, weshalb im Kontext dieser Studie durchgängig vom Balkan anstelle von Südosteuropa gesprochen wird. Begründet ist diese Begriffswahl durch zwei Faktoren: Erstens führt der von Sundhaussen weit gefasste Südosteuropa-Begriff bezüglich meines Textkorpus insofern in die Irre, als sich die Texte von Zeh, Stanišić und Bodrožić auf einen viel kleiner gefassten Balkan-Raum berufen und ihre Handlungen an ebendiesen Orten entfalten; zweitens würde die

87 Vgl. Finzi: *Unterwegs zum Anderen?*, S. 92.

88 Holm Sundhaussen: Europa balcanica. Der Balkan als historischer Raum Europas. In: *Geschichte und Gesellschaft* 25,4 (1999), S. 627–653, hier S. 634–635.

89 Als diese acht Faktoren benennt Sundhaussen: 1. Instabilität der Siedlungsverhältnisse und ethnische Gemengelagen auf kleinstem Raum, 2. Verlust und späte Rezeption des antiken Erbes, 3. das byzantinisch-orthodoxe Erbe, 4. das osmanisch-islamische Erbe, 5. gesellschaftliche und ökonomische ‚Rückständigkeit‘ in der Neuzeit, 6. Nationalstaats- und Nationsbildung, 7. Mentalitäten und Mythen, 8. der Balkan als Objekt der Großmächte (vgl. ebd.).

Verwendung des ‚Südosteuropa'-Begriffs die hier zu diskutierende Frage nach einem Balkan Turn, den Previšić in Anlehnung und Abgrenzung zum sogenannten Turkish Turn erfragt, terminologisch unterwandern. So schließe ich mich bezüglich der mit dieser Arbeit vorgelegten Verwendung des Begriffs ‚Balkan' Todorova an, die ihn als den adäquateren gegenüber dem von Sundhaussen favorisierten ‚Südosteuropa'-Begriff bezeichnet. Denn der von Sundhaussen vorgeschlagene ‚Ersatzbegriff' ist aufgrund seiner nationalsozialistischen Geschichte gleichermaßen ideologisch vorbelastet wie der Begriff ‚Balkan' und darüber hinaus kann auch er sich nicht von mit ihm verbundenen Negativstereotypen befreien.[90] Die Wirkmächtigkeit derlei Negativkonnotierungen sowie eine politisch gängige rhetorische Abspaltung des Balkans von (West-)Europa begleitet derzeit die mediale Berichterstattung über Fluchtbewegungen nach Europa. Mit dem Sprechen von ‚der Balkanroute nach Europa' wird verkannt, dass der Balkan doch aber Teil Europas ist.

90 Vgl. Todorova: Historische Vermächtnisse als Analysekategorie, S. 231.

III.
Balkan aktuell: Transformationen als Entfaltung von Transkulturalität bei Juli Zeh, Marica Bodrožić und Saša Stanišić

1. Narration: Verwirr- und Verweisspiele der Ich-Erzählfiguren

Den Texten meines Korpus sind Ich-Erzählfiguren gemein, die allesamt schriftstellerisch tätig sind. Das lässt komplexe Narrationsverfahren in allen Texten erwarten, zumal die Erzählfiguren mitunter ebenso als Autorfiguren sogenannter Paratexte auftreten. Die Ich-Erzählfiguren treten jedoch nicht als jeweils alleinige, dominante Erzählinstanzen auf. Die seitens der Forschung bislang wenig beachteten narratologischen Aspekte der drei Gegenwartstexte gilt es genauer zu analysieren. Denn die transkulturellen Potenziale der Texte lassen sich meiner Meinung nach durch die von den Texten gewählten Verfahren der Externalisierung und Potenzierung der Erzählstimme belegen. So wird zum Beispiel durch das Weglassen von Anführungszeichen bei der Wiedergabe direkter Rede ein Verwirrspiel um die Frage der Erzählhoheit eröffnet. Ein hermetisches Verständnis von einer einzigen, den Text dominierenden Stimme wird von den AutorInnen zugunsten einer Stimmenvielfalt und einer in dieser Polyphonie realisierten Öffnung gegenüber dem Anderen/dem Fremden aufgegeben. Die drei Ich-Erzählinstanzen loten allesamt transkulturelle Räume aus und setzen damit eine fortwährende dynamische Auseinandersetzung mit sich und dem kulturell Anderen frei.

Die Teilung der Ich-Erzählerin: Externalisierung und Dissoziation (Zeh)

„Nicht ohne meinen Hund“[1], so der Titel der Rezension von Beqë Cufaj am 14. September 2002 zu Zehs Reisebericht in der *FAZ*. Aufgerufen ist mit dieser Kritik die zweite zentrale Figur neben der extradiegetisch-homodiegetischen Ich-Erzählerin des Textes: Ein Hund namens Othello tritt als eine Art Antagonist zu seiner Besitzerin auf.[2] Die Beschreibung des unruhig auf sie wartenden Hundes führt den Lesenden in den Text ein. Mit dieser Figurenkonstellation aus Ich-Erzählerin und einem sie kritisch begleitenden Gegenüber wird mit der Handkeschen Balkan-Texten inhärenten Fixierung auf eindimensionale Ich-Erzählfiguren gebrochen. Sehnsüchte, Ängste und Zweifel der Ich-Erzählerin vor und während ihrer Bosnienreise werden folglich ausgelagert, indem sie dem Hund zugeschrieben werden. Mittels dieser Perspektivverschiebung können die Gedanken der Erzählfigur in ihrer Dialogizität und Diametralität aufgezeigt werden. Die Figur Othello fungiert trotz Tier-Status als Gesprächspartner seiner Besitzerin. Dieses narratologische Charakteristikum vor Augen zeichnet sich der Text eben nicht durch von Cufaj kritisierte „ständig langweilige[] Monologe[]“[3] aus. Stattdessen handelt der dialogische Erzählmodus die durch die Balkan-Erfahrung hervorgerufene Spaltung der Erzählfigur auf Ebene des Figuren- bzw. Erzählpersonals aus. Die fortwährende dialogische Neuverhandlung der eigenen Position ist als Versuch der Balkan-Reisenden zu deuten, einen angemessenen, also vorurteilsfreien Umgang mit dem Unbekannten zu finden. Dem Hund kommt in Diskussionen dabei keineswegs die jeweils unschlüssigere Perspektive zu. Vielmehr stehen die durch die beiden Figuren zur Schau

1 Beqë Cufaj: Nicht ohne meinen Hund. Land und Menschen sind Nebensache. Die Touristin Juli Zeh bereist Bosnien im Gestus energischer Unvoreingenommenheit, aus d. Alban. v. Joachim Röhm. In: *Frankfurter Allgemeine Zeitung*, 14.09.2002, S. 40.

2 Jürgen Brokoff verweist darauf, dass die mit der Figur des Hundes eingeführte „Rede- und Stimmenvielfalt von Zehs Reiseerzählung in einem weiteren Buch materielle Gestalt angenommen hat“ (vgl. ders.: „Zusehen, wie alles grundlos zwischen Gut und Böse pendelt“. Ethik und Ästhetik der Darstellung in Juli Zehs Bosnientext *Die Stille ist ein Geräusch*. In: Ders. / Elke Dubbels / Andrea Schütte (Hrsg.): *Spielräume*. Bielefeld: Aisthesis 2013, S. 263–277, hier S. 277). Mit Rekurs auf den Titel des 2004 herausgegebenen Sammelbandes *Ein Hund läuft durch die Republik. Geschichten aus Bosnien* unterstreicht Brokoff die Wahl der Tier-Figur als eine bewusste und liest den Sammelband als „Weiterführung der Reiseerzählung“ (ebd.).

3 Cufaj: Nicht ohne meinen Hund, S. 40.

gestellten Weltanschauungen – ihre Balkan-Betrachtungen – gleichberechtigt nebeneinander. Zum Beispiel illustriert Othellos Verständnis den Zweck der Reise betreffend anschaulich, was die stets wieder abgebrochenen Erklärungsansätze der Ich-Erzählerin nicht zu fassen vermögen.

> Um Mitternacht weiß ich die Theorie vom Hund: Unsere Reise dient dem höchsten Zweck. Höhere Zwecke sind solche, die über der Augenhöhe von Hunden liegen, die oben auf den Tischen oder in Regalen stehen oder an der Wand hängen. Weil ich seit unserer Ankunft in Zagreb nicht wie sonst mit zu Boden gerichtetem Blick durch die Gegend laufe, sondern mit zurückgelegtem Kopf gegen Autos und Laternenpfähle pralle, vermutet der Hund, dass der Zweck der Reise auch meine Augenhöhe übersteigt. (DS 16)

Wenngleich die dem Hund zugeschriebene Theorie hier offenkundig nicht über direkte Rede eingeführt wird, markiert der Einsatz der Doppelpunkte die Theorie doch aber als Othellos Gedanken. Mit dem Satz „Unsere Reise dient dem höchsten Zweck" (DS 16) wählt Zeh einen Grad an Mittelbarkeit, der erzähltheoretisch zwischen einem eindeutig dramatischen und einem ausschließlich narrativen Modus zu verorten ist – also zwischen Showing und Telling changiert – und als „transponierte Rede"[4] nach Gérard Genette gefasst werden kann. Dies unterstreicht meine These, der zufolge die Perspektive des Hundes der Erzählerin *eigen* und zugleich *fremd* ist. Die Aushandlung des Verhältnisses von Nähe und Distanz der Figuren ist ein zentrales Thema des Textes. *Die Stille ist ein Geräusch* bedient sich auch des narrativen Modus zur Veranschaulichung der Perspektive des Hundes. Bei Ankunft in Zagreb krümmt sich dieser laut dem Bericht der Erzählerin beispielsweise zu einem „Fragezeichen" (DS 13). Die Tier-Figur Othello formuliert so körpersprachlich Fragen, die sich eigentlich die Protagonistin stellt. Dies geschieht ebenso an anderer Stelle, wenn später von einer „satzzeichenhaft gebogene[n] Banane" (DS 16) die Rede ist. Hier wird erneut mittels einer morphologischen Verschiebung die Verschiebung von Perspektiven inszeniert. In der kroatischen Hauptstadt angekommen wird ein bislang von der medialen Kriegsberichtserstattung dominiertes Bild vom Balkan dekonstruiert. Die Bosnienfahrt der Protagonistin erschließt sich den RezipientInnen von nun an mehr und mehr als Inspektionsreise

4 Gérard Genette: *Die Erzählung*, aus d. Franz. v. Andreas Knop. Paderborn: Fink 2010, S. 211.

zu Städten und Orten, die über die mediale Kriegsberichterstattung der postjugoslawischen Kriege in den 1990-er Jahren im deutschsprachigen Raum bekannt geworden sind. Die Route der achtzehn Stationen umfassenden Reise führt zu Städten wie Mostar, Sarajewo, Pale, Tuzla, Bihać und Srebrenica.[5] Das Ziel der Reisenden ist es, herauszufinden, „ob Bosnien-Herzegowina ein Ort ist, an den man fahren kann, oder ob er zusammen mit der Kriegsberichterstattung vom Erdboden verschwunden ist" (DS 11). Obgleich Othello die ihm als Begründung für die Reise dargelegte Argumentation seiner Besitzerin als „Zirkelschluss" (DS 11) enttarnt, wird die Reise in das Land, das die Ich-Erzählerin vornehmlich aus den „Zwanzig-Uhr-Nachrichten" (DS 9) kennt, schließlich realisiert. Seinen Protest darüber äußert der Hund, indem er sich in der Nacht vor Abreise „nicht wie üblich neben das Bett, sondern im Flur an die geschlossene Wohnungstür" (DS 11) und damit buchstäblich in den Weg legt. Einen Zeh von der *FAZ* zugeschriebenen „Gestus einer energischen Unvoreingenommenheit oder Unparteilichkeit"[6] sehe ich hier nicht, denn sie stellt gerade auch die Voreingenommenheit, die klischeehaften Vorstellungen vom Balkan, über ihre Ich-Erzählfigur und auch über deren Hund aus. Mittels dieser Doppelperspektivierung können stereotype Vorurteile thematisiert werden, ohne ihre Wirkmacht zu entfalten, da sie durch die jeweils andere Perspektive relativiert werden. Wenngleich die *FAZ*-Rezension treffend festhält, dass „[d]as Tier mit Namen Othello [...] fester Bestandteil aller Berichte, Betrachtungen, Kümmernisse, Verzweiflungen oder auch Freuden der Reiseschriftstellerin [ist]"[7], verkennt Cufaj doch die Bedeutung dieser Figur, wenn er diese als „schweigsam und der Autorin stets gefügig"[8] charakterisiert.

Balkan-Vorurteile werden zudem von weiteren Figuren performt: „Da ist doch Krieg!" (DS 9), kommentiert eine im Reisebüro angestellte deutsche Frau. Genauso rät die Mutter der Ich-Erzählerin

5 Vgl. Carsten Würmann: Ausgerechnet Bosnien-Herzegowina. Gründe fürs Reisen in Juli Zehs Bericht über eine Fahrt durch Bosnien. In: Christiane Caemmerer / Walter Delabar / Helga Meise (Hrsg.): *Fräuleinwunder literarisch. Literatur von Frauen zu Beginn des 21. Jahrhunderts*. Frankfurt am Main / Berlin: Lang 2005, S. 151–173, hier S. 164.

6 Cufaj: Nicht ohne meinen Hund, S. 40.

7 Ebd.

8 Ebd.

ihrer Tochter von deren Reiseplänen ab: „Griechenland sei schön und auch weit im Südosten“ (DS 19). Doch es bleibt trotz aller von außen an die namenlose Erzählerin herangetragenen Bedenken beim Reiseziel Bosnien: am elften August 2001 *„um dreizehn Uhr dreiundvierzig“* (DS 157) bricht die in Leipzig lebende und sich selbst als Schriftstellerin und Juristin einführende Erzählfigur auf. Über gleich vier Begegnungen der Ich-Erzählerin mit einer englischen Journalistin werden während der Reise Möglichkeiten und Grenzen von Journalismus und Literatur bezüglich ihrer Abbildung von Realität verhandelt. „Zeh personalisiert die Medien in der Person der dicken, britischen Journalistin“[9], hält Katja Thomas für diese Allegorie der Autorin auf die Medien fest. Der in seiner Voluminösität eindrucksvoll beschriebene Körper der Journalistin ist als Sinnbild einer überwältigenden und übermächtigen Medienberichterstattung über den Balkan zu lesen. Der Körper bzw. die Medien *verstellen* wortwörtlich den realen Blick auf den Balkan.[10] Die über die Figuration der Journalistin integrierte mediale Balkan-Berichterstattung wird slapstickhaft als eindimensional inszeniert und kritisiert. Dass von den Medien überwiegend Schreckensbilder über den Balkan vermittelt werden, greift Zeh in gleicher Weise in ihrer Rede anlässlich des Friedrich Hölderlin Förderpreises am 7. Juni 2003 auf. Ein Jahr nach dem Erscheinen ihres Reiseberichts heißt es hier:

> Was uns auf der Daten-Einbahnstraße vermittelt wird, ist ein schwarzes Bild von der Welt. [...] Das Schlechte wird archiviert – wer schweigt, lobt bereits. Dieses Grundprinzip dominiert auch die Presse- und Medienwelt. Schreckliches und Skandalöses gehören auf den Silberteller, gute Nachrichten hingegen werden nicht überbracht. Im Reich der Botschaften regiert noch Hiob, Hermes ist ausgeflogen.[11]

Eine derartige Kritik formuliert die Ich-Erzählerin in *Die Stille ist ein Geräusch*, wenn sie anlässlich ihrer Reisevorbereitungen von „fünf Tonnen Kriegsberichterstattung und drei Bücher[n] über das historische Bosnien im Mittelalter“ (DS 10) spricht: Aktuelle

9 Katja Thomas: *Poetik des Zerstörten. Zum Zusammenspiel von Text und Wahrnehmung bei Peter Handke und Juli Zeh.* Saarbrücken: Dr. Müller 2007, S. 25.

10 Vgl. ebd.

11 Juli Zeh: Rede zur Preisverleihung. In: *Friedrich Hölderlin Preis. Reden zur Preisverleihung am 7. Juni. Stadt Bad Homburg vor der Höhe: Magistrat der Stadt Bad Homburg v. d. Höhe.* Bad Homburg: Stiftung Cläre Janssen 2003, S. 21–28, hier S. 23.

Verhandlungen des Landes jenseits des Krieges gibt es nicht, so ihre Wahrnehmung. Gerade in Abgrenzung zum Journalismus lässt sich die Intention der Erzählerin für die Reise nach Bosnien mit Carsten Würmann gesprochen als „Suche nach einer Wirklichkeit hinter der medial vermittelten"[12] lesen. Über die Figur der Journalistin als Stellvertreterin jener Medienwirklichkeit wird in dem Text nachdrücklich die Diskrepanz verschiedener Zugänge zum Balkan thematisiert. Doch dem übergeordnet inszeniert bereits das von der Autorin Zeh gewählte narratologische Verfahren des Textes mit der Externalisierung von Perspektiven solche Diskrepanzen und Ambivalenzen. Die von der Erzählfigur eingenommene Perspektive auf das Andere ist insofern innovativ, als diese sich einer Bezeichnung des Anderen als Fremdes widersetzt. Das Fremde wird bereits im Eigenen erkannt und dementsprechend ausgestellt. Wiebke von Bernstorff weist 2013 folgerichtig darauf hin, dass die Erzählfigur „durchlässig für die Erfahrungen und Projektionen der anderen [ist]"[13]. Nicht sie bereist den Balkan, sondern die Erzählerin selbst wird bereist: „*Ich fühle mich, als wäre das Land durch mich gereist* und kehrte nach Hause zurück, während ich übrigbleibe, mit hängenden Armen. Bereist." (DS 263) Die emphatische Formulierung dieses Wahrnehmungsmodus besticht dadurch, dass die mit Reisen häufig in Verbindung gebrachten Kategorien vom Eigenen und Anderen Auflösung erfahren. Transformiert werden mit dieser Verhandlung von Wahrnehmungen so auch tradierte Balkan-Narrative, die sich vornehmlich auf Grundlage einer Anrufung des Anderen als ebensolche entfalteten. Zeh gelingt es mit diesem Text, lange Zeit wirkmächtige Balkan-Narrative des deutschsprachigen Literaturraums in Bewegung zu bringen. Wenn am Ende des Textes und am Ende der Reise die Reise als Reise durch das eigene Ich resümiert wird,[14] zeigt sich, dass das Thema der Identität nicht nur auf Erzählebene, sondern ebenso auf Handlungsebene ein zentrales ist.

12 Würmann: Ausgerechnet Bosnien-Herzegowina, S. 159.

13 Wiebke von Bernstorff: Reisen ins jugoslawische Kriegsgebiet: Peter Handke, Juli Zeh und Saša Stanišić. In: Dies. / Burkhard Moennighoff / Toni Tholen (Hrsg.): *Literatur und Reise.* Hildesheim: Universitätsverlag 2013, S. 194–227, hier S. 214.

14 Vgl. Goran Lovrić: Literarische Reisen im Nachkriegsbosnien. Reisebericht oder Selbsterkenntnisprinzip? In: Ders. / Slavija Kabić (Hrsg.): *Mobilität und Kontakt. Deutsche Sprache, Literatur und Kultur in ihrer Beziehung zum südosteuropäischen Raum.* Zadar: Sveuciliste u Zadru 2009, S. 369–378, hier S. 373.

Gerade die über die Hund-Figur performte Unsicherheit der Erzählerin betreffend ihrer Balkan-Ansichten wird andernorts erneut und neu aufgerufen, wenn die Erzählerin im sechsten Kapitel berichtet: „In meinem Kopf gibt es nur noch Imperfekt und für mich selbst kein ‚Ich', sondern die dritte Person. Meine Gedanken klingen, als erzählte jemand über mich und diesen ersten Tag in Mostar." (DS 46) Die hier geschilderte Dissoziation der Protagonistin, für die „[n]ichts mit dem eigenen Namen zu tun [hat]" (DS 46), kann als Folge ihres hohen Maßes an Selbstreflexion gelesen werden. Die Protagonistin kann ihr Selbst nicht verorten, weil sie Grenzziehungen zwischen sich und ihrem jeweiligen Gegenüber verweigert. Sie hat sich selbst, so kann argumentiert werden, durch das Ausstellen ihres eigenen Nicht-Wissens über den Balkan dermaßen infrage gestellt, dass ihre eigene Existenz nun ebenfalls fraglich geworden ist. Während ihrer Bosnienfahrt widersteht sie vehement dem „Unsinn", anderen „Menschen ein Leben zu erfinden" (DS 220). Sie wendet sich von dem Wunsch nach dem Verstehen des Anderen ab und stellt diesbezüglich fest: „Ich habe aufgehört zu fragen [...]. Wie ein Kind sitze ich da und verstehe nichts, muss den Menschen vertrauen, wie sie sind." (DS 220) Als Ergebnis dieser Umgangsweise hält sie fest, dass sie nun erst anfängt das Land (Bosnien) zu lieben: „Sarajevo inklusive. Ohne rosa Wolke, ohne Schmetterlinge im Bauch." (DS 221) Wenngleich die motivische Verhandlung von Fremde im vierten Teil dieses Analysekapitels besprochen wird, ist es notwendig, hier bereits festzuhalten, dass die Protagonistin zugunsten einer objektiven Auseinandersetzung mit dem Balkan eine mit Jürgen Brokoff gesprochene „Dissoziation von sich selbst"[15] in Kauf nimmt. Sie beschreibt, wie sie durch die Straßen Sarajewos geht, „als hätte jemand meinen Körper ausgeliehen, um eine Weile damit herumzulaufen" (DS 75). So führt Brokoff diesbezüglich in seinem Beitrag von 2013 treffend aus: „Diese Dissoziation, die eine Differenz zwischen der Erzählfigur und der im Land umherreisenden Protagonistin in die Erzählung einführt, ist an eine Erfahrung der Ohnmacht gekoppelt."[16] Dass diese Gefühle von Ohnmacht aber auch mit Empfindungen von Heimat und Geborgenheit einhergehen, zeigt sich an anderer Stelle:

15 Brokoff: „Zusehen, wie alles grundlos zwischen Gut und Böse pendelt", S. 273.
16 Ebd.

> Am Abend habe ich das Gefühl, immer hier gelebt zu haben und selten woanders gewesen zu sein. Man redet mit mir, in jeder Sprache, die gerade frei ist. Alles betrifft mich nur halb. Ich gehöre nicht mehr dazu als der Korken zum Wasser, auf dem er treibt. Dieses Gefühl, stelle ich fest, hat etwas von „Heimat". (DS 15)

Die an Gefühle von Ohnmacht gekoppelte Dissoziation der Erzählfigur stellt deren Offenheit und Dynamik, aber ebenso ihre Überforderung aufgrund ebendieser Offenheit gegenüber allem aus. In einer selbstbezüglichen Äußerung kommentiert sie die eigenen Reiseaufzeichnungen betreffend: „Ich fühle mich wie einer, der am Ufer eines Flusses sitzt und mitzuschreiben versucht, wie viel Wasser vorbeifließt [...]." (DS 71) In Auseinandersetzung mit ihrer Umgebung verhandelt diese ihre Identität immer wieder neu. Die Erzählfigur kann im Hinblick auf die Konstitution ihres Selbst im Anschluss an die Erzähltheorie des französischen Philosophen Paul Ricœur interpretiert werden. Ricœur erklärt in *Das Selbst als ein Anderer* (1990), dass die „zeitliche Dimension [...] des Selbst" insofern in der Literatur problematisiert wird, als hier eine Dialektik von gleichbleibender „Selbigkeit" und wandelbarer „Selbstheit" durchgespielt wird.[17] „*Es gibt Dinge im Leben*, auf die man sich nicht vorbereiten kann" (DS 10), so die Erzählerin gleich zu Beginn des Reiseberichts. Auf dieser unvoreingenommenen Haltung fußt der oben schon dargelegte Aushandlungsprozess von personaler und kultureller Identität seitens der Protagonistin. Brokoff hält hierzu fest, dass dieser Prozess „im Verlauf der Reise in ein aktives Sich-Aussetzen übergeht"[18]. Gedanken an Heimat bzw. die Betonung der Erzählerin, dass sie am liebsten unterwegs ist, zeigen zugleich, dass eine intuitive Identifikation mit dem Geburts- und/oder Wohnort von der Erzählfigur zugunsten eines offeneren, ‚Luftwurzeln' schlagenden Lebensstils aufgegeben wird. Mit der Reise geht ein Erzählen von der Grenze einher, denn dort befindet sich die Protagonistin nun. Sie befindet sich in Europa und doch auch nicht, weil Bosnien vorschnell als nicht zu Europa gehörig rezipiert wird. Diese sozialen und vor allem nationalen Grenzerfahrungen leiten meiner Meinung nach auch die als Dissoziation inszenierten Grenzerfahrungen der Ich-Erzählerin

17 Paul Ricœur: *Das Selbst als ein Anderer*, aus d. Franz. v. Jean Greisch. München: Fink 2005, S. 144.

18 Brokoff: „Zusehen, wie alles grundlos zwischen Gut und Böse pendelt", S. 265.

selbst ein. Im Rekurs und als Erweiterung meiner in Anlehnung an Iljassova-Morgers Plädoyer für eine „Transkulturalität als Eigenschaft der Leser“[19] methodische Verortung kann auch bezüglich Zehs Reisebericht von Transkulturalität als Eigenschaft der Erzählfigur gesprochen werden. Zeh erstellt einen neuen Typus von Ich-Erzähler, der sich im Kontakt mit der Fremde in einem Spannungsfeld zwischen Markierung von Differenz und Identität verortet. Derlei literarische Spitzfindigkeiten gilt es zu betonen, da die Forschung nicht selten auf die Autorin Zeh selbst verweist, die offenkundig eine Staatsexamensarbeit zum Balkan geschrieben hat. Diese biografischen Zugriffe der Forschung sind insofern verwirrend, als Zeh ihre eigene juristische Expertise eben nicht als Wissen und als solches in den Vordergrund ihres Textes stellt. Die Selbstinszenierung als Erzählfigur zielt vielmehr auf Unwissenheit denn auf Expertentum ab. Gerade dieser offene Zugang der Autorin zum Themenkomplex Balkan unterstreicht die Feinfühligkeit und Gewissenhaftigkeit, mit der sich Zeh literarisch dem politischen Konstrukt Balkan zuwendet.

Die Stille ist ein Geräusch schließt damit, dass die Erzählerin neben ihrem Hund einschläft. Damit schließt sich ein Kreis: Wenn die Protagonistin, ihr Hund sowie ein weiterer aus Bosnien mitgenommener Hund hier im Zug Richtung Leipzig nebeneinander einschlafen, zeigt sich, dass die Erzählerin wieder zu sich gefunden hat, ihre Reise und auch die Reise durch sich selbst beendet ist. Zeh ist es mit diesem Text gelungen, eine Erzählfigur zu erschaffen, die über die Anwesenheit der Stimme/der Körpersprache Othellos ihr eigenes Denken immer wieder hinterfragt und relativiert. Damit wird erstmalig in deutschsprachigen Balkan-Narrativen eine Erzählstimme gewählt, die den Balkan nicht nur als ein westliches mediales Konstrukt enttarnt, sondern sich auch explizit kritisch gegenüber den tradierten Balkan-Narrativen positioniert, wenn beispielsweise Handkes Balkan-Texte durch intertextuelle Bezugnahmen kommentiert werden. Zeh bricht folglich das von Finzi und Messner dem Autor Handke zugesprochene Monopol auf literarische Balkan-Narrative auf. Dabei nährt sich die Annäherung an den Balkan „aus einer Skepsis gegenüber jeglicher Systematisierung, die Begriff und Wirklichkeit in Deckung bringen möchte“[20]. Hier stellt Previšić, der

19 Iljassova-Morger: Transkulturelle Herausforderungen, S. 22.

20 Previšić: *Literatur topographiert*, S. 339.

Zehs Text vorwiegend kritisch liest, anerkennend heraus, dass eine Exotisierung des Balkans in *Die Stille ist ein Geräusch* immer subversiv inszeniert ist und virtuos in ein Spiel mit Perspektiven eingewoben wird.[21]

„Wer bin ich?": Existenzielles Erzählen jenseits von Grenzen (Bodrožić)

„Als eine Art innerer Monolog einer Frau, die sich selbst den Namen Nadeshda gibt, ist der autobiografisch grundierte Text [*Das Gedächtnis der Libellen*] angelegt"[22], so Klaus Hübner zum 2010 publizierten ersten Teil der Romantrilogie von Marica Bodrožić, von der 2012 mit *Kirchholz und alte Gefühle* der zweite Teil erschienen ist. Bezüglich *Das Gedächtnis der Libellen* fragt Hübner, „ob dieser verträumt mäandernde Prosasturm, der immer wieder das große Thema des Fremd- und Dazwischenseins umspielt, wirklich ein Roman [ist]"[23]. Als Argument gegen eine Einordnung des Textes in die Gattung Roman verweist er darauf, dass es in diesem Text keinen „geradlinigen Plot mit scharf konturiertem Personal"[24] gibt. Zudem insistiert der Rezensent darauf, dass der Text der Autorin, die mit dem Erzählband *Tito ist tot* (2002) und den Essay *Sterne erben, Sterne färben. Meine Ankunft in Wörtern* (2007) erste literarische Erfolge verzeichnen konnte, „kein Buch für Romanverschlinger"[25] ist. Wenn Hübner im Anschluss an seine Zweifel bezüglich der Gattung des Textes zudem fragt, worum es in diesem scheinbar grenzenlosen Text geht, ist diese Frage in Konnex mit der nach dem erzählenden Ich zu setzen. Aus dem heterotopischen Raum Zug, wo das Denken „mit dem Rattern der Räder freier [wird], bis das Geräusch und die Gedanken ineinander verschmelzen" (GL 10), erzählt (wie auch bei Zeh) ein – vorerst – namenloses Ich. Dieses Ich könnte – ob seiner Erzählung von der Liebe zu einem Mann – gemäß eines heteronormativen Verständnisses von Liebesbeziehungen als Frau identifiziert werden. Der Lesende wird hier in die Rolle des Sammlers gedrängt, sammelt aufmerksam die spärlich und nur nach und nach preisgegebenen Informationen über die Ich-Erzählerin. Sammeln und Zusammenfügen werden so

21 Vgl. Previšić: *Literatur topographiert*, S. 339.

22 Hübner: Marica Bodrožić, S. 407.

23 Ebd., S. 407–408.

24 Ebd., S. 408.

25 Ebd.

zur zentralen Lektürearbeit. Doch wenn LeserInnen meinen, mit dem Namen „Nadeshda" (GL 10) etwas Faktisches über die Erzählerin erfahren zu haben, wird ihnen dieser Glaube sogleich wieder genommen, wenn ebendieser Name von der Ich-Erzählerin als bloßer Platzhalter expliziert wird:

> *Wer bin ich?* Ich heiße Nadeshda. Meinen Namen habe ich nicht von Nadeshda Mandelstam. Um es gleich klarzustellen, das ist noch viel wichtiger, von meinen Eltern habe ich meinen Namen auch nicht bekommen, Es ist ein Name, der gar nicht zu mir passt. Ich selbst habe den neuen Namen für mich gefunden, damit ich diese Geschichte erzählen kann. (GL 19)

Ausgehend von dieser ersten Selbstbeschreibung entfaltet sich ein exzessives Erzählen, das gleich dem Zug, in dem die Erzählerin sitzt, Fahrt aufzunehmen scheint. Tradierte ‚Gesetze der Erzählkunst' werden von diesem besonderen Stück Prosa außer Kraft setzt: Vage Erinnerungen werden mit adjektivisch ausufernden, atmosphärischen Umschreibungen angereichert. Monika Straňaková fasst bezüglich der von Hübner aufgeworfenen Frage nach dem Plot der Erzählung treffend zusammen, dass sich LeserInnen während der Lektüre „streckenweise des Gefühls nicht erwehren [können], dass die Autorin vorher selbst nicht weiß, welchen Verlauf die Geschichte nehmen wird"[26]. Bodrožić' Schreibverfahren bzw. das der Ich-Erzählerin zugeschriebene Erzählverfahren lässt sich als Erinnerungsarbeit verstehen – als ein „Abtauchen in fremdartige Sphären, in denen es keine Gewissheiten[,] nur Möglichkeiten gibt"[27]. Mit der Reflexion ihres Lebens kreist die bosnisch-kroatische Erzählerin um die Amour fou zu dem verheirateten Ilja, einem durch den Gewinn einer Green Card in Kalifornien promovierenden Ethnologen bosnisch-kroatisch-jüdisch-russischer Herkunft. Mit den permanenten Analepsen der Erzählerin werden traumatische Erlebnisse reaktiviert. So legt sich auf die ohnehin von Kummer und Leid geprägte Liebesbeziehung der Erzählerin zu Ilja ein weiterer Schatten: Die erste Katastrophe im Leben der Ich-Erzählerin ist in ihrer Kindheit und in ihrer Heimat Jugoslawien zu verorten. Der Vater

26 Monika Straňaková: Ilja, Tag und Nacht. Marica Bodrožić lotet in ihren eigensinnigen Roman „Das Gedächtnis der Libellen" die Abgründe einer schmerzhaften Selbstwerdung aus. http://literaturkritik.de/public/rezension.php?rez_id=15286 (Zugriff am 22.08.2016).

27 Ebd.

war ein Kindermörder, der sich, im dalmatinischen Heimatdorf von seiner Ehefrau gedeckt, später durch die Flucht in die USA jedweder Verantwortung für seine Taten entzog. Nadeshda wurde von ihren Eltern in der Heimat bei ihrer Tante Filomena zurückgelassen. Bei einer Frau, die „einfach keine Tränen [ertrug]“ (GL 70). Der Tante sind die Gründe für die Tränen ihrer von ihren Eltern verlassenen Nichte egal; „Sie glaubte, Tränen seien unnütz und hielten lediglich von konkreten Taten ab“ (GL 70).

Die Handlung in *Das Gedächtnis der Libellen* wird nach eigenen narrativen Regeln entfaltet: Dies lässt sich bereits durch den Verweis auf den Raum, aus dem heraus die Ich-Erzählerin erzählt, belegen: Der hier aufgerufene „Zug“ (GL 7) stellt einen mit Michel Foucault gesprochenen Heterotopos dar – einen Ort, der nach seinen eigenen Regeln funktioniert, auf besondere Weise gesellschaftliche Verhältnisse reflektiert und der als Ort außerhalb von Orten auch als Nicht-Ort definiert wird.[28] Nadeshda selbst regt den Rekurs auf dieses theoretische Verständnis des Zugs gewissermaßen an, wenn sie postuliert: „In einem Zug darf man alles denken. Schon seit meiner ersten Zugfahrt ist es immer so gewesen“ (GL 10). Neben diesem werden weitere, die Erzählerin zum Denken und Erzählen anregende Räume benannt:

> Noch heute verspreche ich mir so viel von den Bahnhöfen dieser Welt, noch heute glaube ich, dass Busse, Züge und Flugzeuge magische Geräte sind. Immer noch scheint eine Reise die beste aller Heilmethoden für mich zu sein. (GL 69)

All diese Räume sind Orte des Aufbruchs und des Ankommens; sie greifen sinnbildlich verstanden die Nadeshda kennzeichnende Mobilität auf. Das permanente Unterwegssein der Ich-Erzählerin steht gerade zu Beginn des 33 Kapitel umfassenden Textes im Fokus: Nadeshda erscheint gehetzt, wenn ihr Herz „rast wie das eines gejagten Tieres. Im Doppelschritt rast es […]. Ohne mich um Erlaubnis zu fragen, macht es eine Herzgejagte aus mir“ (GL 7). Nadeshdas bisheriger Lebensweg erscheint kosmopolitisch: Vom dalmatinischen

28 Michel Foucault: Andere Räume (1967). In: Karlheinz Barck (Hrsg.): *Aisthesis: Wahrnehmung heute oder Perspektiven einer anderen Ästhetik. Essais.* 5., durchges. Aufl. Leipzig: Reclam 1993, S. 34–46. Freilich ließe sich hier in Bezug auf den Erzählraum Zug ebenso mit der Terminologie Marc Augés operieren. Vgl. Marc Augé: *Nicht-Orte*, aus d. Franz. v. Michael Bischoff, mit einem Nachw. v. Marc Augé zur Neuausg. München: Beck 2010.

Heimatdorf zum Studium nach New York, weiter nach Paris, bevor ihr Berlin als potenzieller Wohnort in den Sinn kommt, „weil dort die Mauer nicht mehr stand [...]" (GL 195–196). Nadeshda sagt von sich selbst:

> So schnell wie ich kann keiner Koffer packen. Einsame haben viele Kleider und kennen sich mit allen Koffermarken aus. So schnell wie ich ist niemand auf der anderen Seite der Grenze, ganz egal, wo diese gerade liegt und wie das Land heißt, das auf der anderen Seite ist, und wer auf der anderen Seite der Grenze steht. (GL 26)

Von Grenzerfahrungen scheint insgesamt der bisherige Lebensweg Nadeshdas gekennzeichnet zu sein. Ihr grenzenloses Erzählen lässt sich demnach auch als Rebellion gegen jegliche sie und ihr Leben eingrenzenden Mechanismen lesen. Gleichwohl verlangt ihr das Erzählen Kraft ab:

> Ein Gedächtnis gleicht einem lange verschlossenen Haus. Es gibt unbekannte Zimmer in ihm, Schlüssel, die noch nie benutzt worden sind. [...] Nichts kann ausgelöscht werden. Wir müssen lernen, mit uns selbst zu leben. Alles je Geschehene lebt in uns weiter, alles, auch mein Vater in mir [...]. Mein Erbe ist das Erbe vieler unglücklicher und einsamer Menschen. [... I]ch lese das Erbe und zeitgleich liest das Erbe mich. (GL 249)

Die Gedächtnisarbeit der Protagonistin kreist um die bei Tante Filomena verbrachte dalmatinische Kindheit und ihre Jugend sowie um die von den postjugoslawischen Kriegen und deren Gewalt traumatisierte Freundin und „Sprachverbündete" (GL 27) Arjeta und nicht zuletzt um ihren Geliebten Ilja. Hübner stellt treffend heraus, dass die Erinnerungen Nadeshdas „geradezu manisch"[29] um diesen Mann kreisen, mit dem sie einen Sohn namens Ezra hat, von dessen Existenz Ilja jedoch nichts weiß. Mit fortschreitender Lektüre stellt sich mehr und mehr heraus, dass die realen Begegnungen mit Ilja selten waren. Seine Bedeutung für Nadeshdas Erzählung ist nicht in der Vielzahl an miteinander geteilten Erlebnissen begründet, Ilja wirkt „[v]ielmehr [...] als eine Art Katapult für Nadeshdas Reflexion und Phantasie und als Stichwortgeber für ihre zärtliche Zwiesprache mit der Liebe – und schließlich mit der ganzen Welt"[30]. „Ilja ist mein Moskau und mein Rom und mein kleiner David" (GL 9), so Nadeshda. Ilja wird zur Personifikation eines schönen und erfüllten

29 Hübner: Marica Bodrožić, S. 408.

30 Ebd.

Lebens. So heißt es anschließend an die obige Passage: „Durch seine Anwesenheit wird die farblose Welt farbig und hell. Ich rieche Farben, so, wie „man das Meer riechen kann oder geschälte Orangen oder den prallen lebensschwangeren Herbst“ (GL 9). An anderer Stelle heißt es: „[E]ine ganze Welt, jeder je erstsprachlich gesagte Satz, die Wiesen der Kindheit, das Grün, das Gelb, das Blau, die Schiffe Dalmatiens“ (GL 191), all das repräsentiert Ilja für Nadeshda. „Nur weil Ilja Ilja ist, kann ich Nadeshda sein [...].“ (GL 191) Das bezüglich der Beschreibungen der Figur Iljas aufgeführte hohe Maß sprachlicher Reflexion der Erzählerin zeigt sich auch in ihrem Verhältnis zum Erzählen und zu Geschichten überhaupt: „Meine Geschichte ist wie jede Geschichte nur eine Möglichkeit von vielen, ins Ungewisse meiner Biographie zu gehen. [...] Ich gehe oft auf Zehenspitzen aus der Zeit heraus“ (GL 19), so Nadeshdas poetologische Überlegungen. Ein solches Erzählen, das ich als existenzialistisches fassen möchte, scheint der Zäsur der postjugoslawischen Kriege im Leben der Erzählerin ebenso geschuldet wie dem Herausgeworfensein aus der triadischen Familienkonstellation bestehend aus Vater, Mutter und Kind. Die direkte Verwandtschaft zu einem Mörder, die sich nach und nach aus dem Erinnerungsnebel der Erzählung erschließt, kulminiert in Nadeshdas Auseinandersetzung mit ihrer Identität und vor allem mit ihrem Namen. Mit der Verhandlung von Verwandtschaftsverhältnissen geht die Thematisierung multipler Lebensentwürfe einher: Die verschiedenen Wohnorte der Erzählerin rücken Nadeshdas Interesse an permanenten Neuanfängen ins Licht, ebenso wie ihr Berufswechsel:

> Der Beruf der Physikerin machte mich nicht glücklich. Doch als ich ihn aufgab, wusste ich nicht, dass ich eines Tages schreiben werde. [...] Ich bin mir nicht sicher, ob mein neuer Beruf, ob die Buchstaben meinen Hunger stillen können und woher der Hunger rührt, der so tief in mir wohnt, aber ich habe keine andere Wahl, als auf diese Weise meinen Hunger zu stillen. (GL 20)

Nadeshda sehnt sich nach einem anderen Leben – nach einem, das *idealiter* nicht geprägt ist von Verlust- und Grenzerfahrungen. Ein damit anvisiertes neues Ich soll dabei offener angelegt sein als das von ihr abgelegte. Letzteres hat sie bislang auf ihre Herkunft und ihre Verwandtschaft zu ihrem Vater zurückgeworfen, ihr neues Ich soll hinsichtlich nationaler und kultureller Zuschreibungen offener sein. Denn mit ihrem kosmopolitischen Lebensstil, dem Leben in verschiedenen Ländern und ihrer Kenntnis mehrerer Sprachen, versteht sich die Erzählerin mehr und mehr als Weltbürgerin. Davon ist auch die Wahl ihres Namens angeregt: „Nadeshda" ist, so die Ich-Erzählerin, „ein schöner russischer, ein variabler Vorname, er ist so russisch und so variabel wie ein Name nur sein kann" (GL 80). Ebendiese Variabilität stellt Nadeshda aus, wenn sie anschließend gleich 49 mehr oder minder schlüssige Variationen dieses neuen Namens aufzählt:

> Nadja, Nadia, Nadina, Nadine, Nadjeschda, Nadire, Nadjeda, Nadjiba, Nadežda, Naduška, Nadija, Nadide, Nadica, Nadzije, Nadezhda, Nadera, Nadya, Nadira, Nadhari, Nadifa, Nadra, Arjeta, Arjetaiya, Nadege, Nadescha, Nadimah, Nadime, Nadin, Nadine-Anne, Nadine-Alma, Nadine-Isabelle, Nadine-Martine, Nadine-Michele, Nadine-Yvonne, Nadiye, Nadja-Aleksandra, Nadja-Anna, Nadja-Anuschka, Nadja-Charis, Nadjana, Nadjeschka, Naduah, Nadya, Nadyn, Nadyne, Nadzeya, Nadzieja, Nadika, Nadinka. (GL 80)

Auch hier wird Nadeshdas Wunsch nach einer transnationalen und transkulturellen Identität offenbar. Die Variationen entspringen verschiedensten Sprachräumen, kreuzen bzw. verbinden sich zu Bindestrichkonstruktionen und verweisen somit auf die Rede von ‚Bindestrichidentitäten'. Die Namen versinnbildlichen somit Vielfalt innerhalb einer Einheit. Und genau das hat das Leben in Jugoslawien für Nadeshda ausgezeichnet. Ebendiese Vielfalt sieht Nadeshda mit der kriegerischen Auflösung Jugoslawiens verloren. Ein Lebensziel Nadeshdas lautet: „Viele werden. Vielfach werden." (GL 80) „[N]ichts leichter als das" (GL 80), kommentiert sie, gesteht sich aber sogleich ein: „Und dann erschlägt mich die Vielfalt der Welt. Ich habe alle Vornamen der Welt zur Verfügung und kann doch nicht glücklicher werden durch sie." (GL 80) Ein neuer Name nämlich, so die Erkenntnis Nadeshdas, ändert „nichts am eigenen Gedächtnis" (GL 82). Deshalb fragt sie sich auch, ob man sich seinen Namen nicht vielleicht verdienen muss und ihn erst am Ende des Lebens erhält (vgl. GL 81). Die Suche nach einem neuen Nachnamen gibt sie folglich auf. Die 49 Variationen umfassende Vornamenliste aber birgt eine Besonderheit: Mit „Arjeta" ist der Name ihrer besten Freundin genannt – was, wenn auch wenig prominent, aber kaum zufällig abermals die Grenzen der Identität der Ich-Erzählerin verwischt:

> Ich selbst bin das Beispiel vieler Gesichter, die sich gegenseitig immer neue Untergesichter zugeschustert haben, um das eine traurige Gesicht, das Gesicht unter allen Gesichtern, zu beschützen und wie ein böses Geheimnis zu verstecken [...]. (GL 113)

Mit diesem Verweis auf eingenommene Rollen und aufgesetzte Masken geht auch Nadeshdas Versuch einher, eine neue Heimat zu finden. Dabei wird vor allem der Raum der Sprache – also auch die Erzählung selbst – als potenzielle Heimat in Erwägung gezogen: „Ich muss mich zwischen den Buchstaben einrichten und mein Leben finden, es anfassen, im großen Alphabet fündig werden, ohne in der Schrift unterzugehen." (GL 80) Das Suchen nach Heimat bzw. die Reflexion des Verlusts von Heimat ist in *Das Gedächtnis der Libellen* nur eine von vielen Möglichkeiten des Umgangs mit dem Zerfall Jugoslawiens. Neben Nadeshdas subjektiven Wahrnehmungen von Exil, Heimat und Fremde werden ebenso die der beiden anderen zentralen und ebenfalls aus Jugoslawien stammenden Figuren mitverhandelt. Über das Figurenpersonal wird somit immer auch die *andere* Erzählung über die balkanische Kindheit ausgestellt. Iljas Familie stammt aus Bosnien, Arjeta hat die Belagerung Sarajewos miterlebt. Gerade auch über die Figur der besten Freundin werden die postjugoslawischen Kriege als Zäsur präsent gehalten. Im Gegensatz zu Arjeta ist Nadeshda bereits vor Ausbruch der Kriege zum Studieren in die USA gegangen. Nadeshda erzählt uferlos von ihrer Kindheit; Arjeta hingegen wird als Figur des Schweigens eingeführt. Beide Formen des (Nicht-)Erzählens sind auf ihre Weise existenziell. Wo der Balkan bzw. Jugoslawien für Nadeshda und Arjeta etwas darstellt, dessen sie beraubt wurden und das nur noch in ihren Erinnerungen präsent ist, ist bei Ilja der Balkan in seiner Person selbst präsent. Er scheint den Balkan zu personifizieren. So haben Iljas Daumen Nadeshda zufolge „eine ganze Landschaft von unauflösbar verlaufenden Linien in sich aufgesogen" (GL 9). Damit wird meiner Meinung nach auf die ethnischen Verflechtungen in Jugoslawien verwiesen. Dies verdeutlicht Ilja selbst, wenn er meint, „die Hände eines gesamtjugoslawischen Matrosen" (GL 9) zu haben. Wo Ilja besonders für die Vielfalt Jugoslawiens steht, wenn er „diese ganz bestimmte Mischung aus allem in sich trägt, was es in Jugoslawien gegeben hat" (GL 198-199), wird über die Figur Arjeta das mit dem Balkan seit der Kriege zusammenzudenkende Leid inszeniert. Arjeta kommt aus Sarajewo, wo sie ihren Vater und ihre jüngeren Brüder verlor – „[d]er Jüngere starb ohne Beine in ihren Armen. Eine Granate hatte sie von den Zehen her weggeschossen." (GL 24) Nadeshda beschreibt Arjeta als „eines jener typischen jugoslawischen Kinder, die nach dem Krieg wie kleine Vogelkinder in der Heimatlosigkeit der Luft fliegen lernten" (GL 25). Nadeshda erörtert weiterhin, dass Arjeta „[m]it einer kroatischen Mutter und einem kosovarisch-serbischen Vater [...] zu den Menschen [gehörte], die beim Ausklang Jugoslawiens allein wegen dieser Mischung keine feste Adresse mehr hatten." (GL 25).

„Der alte Plural hatte ausgedient, jetzt galt der neue Pass mehr als jedes alte Wir" (GL 25). Wenngleich die Figuren unter den Grenzziehungen zwischen Ländern und Kulturen alle auf ihre jeweils eigene Weise leiden, wird zugleich aber die generelle Wirkmächtigkeit derartiger „mentale[r] Grenzziehung[en]" (GL 28) ausgestellt, wenn Arjeta – selbst Opfer dieses ausgrenzenden und schematischen Denkens – zur Überraschung der LeserInnen selbst ebensolche selektiven Perspektiven vertritt:

> Das sei der Unterschied zwischen uns und den anderen. Mit den anderen meinte sie die Franzosen und später die Deutschen. Ich war nicht einverstanden mit ihrer mentalen Grenzziehung, wollte nicht, dass sie so von den anderen sprach, schließlich gehörte ich zu ihnen, hatte von beiden das Nachdenken gelernt, das Denken in Sprache und das Fühlen in Wörtern. (GL 28–29)

Mit *Das Gedächtnis der Libellen* stellt Bodrožić auf verschiedensten Ebenen die Wirkmächtigkeit von Sprache respektive Erzählungen aus. Das Erzählen der Figuren (oder aber das Schweigen Arjetas) ist an die Existenz ebendieser insofern gebunden, als dass es diese untermauert oder aber infrage stellt. Wo Nadeshda versucht, mit Wörtern Frieden mit ihrer Vergangenheit zu schließen, wird an anderer Stelle davon berichtet, dass Ilja hingegen „Wörter wie Kriegswerkzeug [einsetzt]" (GL 44). Das in *Das Gedächtnis der Libellen* entfaltete Erzählverfahren kann mit den Worten der Ich-Erzählerin selbst veranschaulicht werden:

> Ich kann es nicht lassen, meine Geschichte neu zu schreiben, sie immer wieder neu zu schreiben, sonst hätte ich das Gefühl, lediglich in der beschriebenen Form und nur auf dem Papier und für immer in dieser bereits beschriebenen Papierform zu existieren. (GL 169)

Emphatisch ist hiermit der Konnex von Erzählen und Identität aufgeführt. Ebendieser Konnex – und nicht die Figur Ilja, wie Hübner behauptet, – stellt das Movens der Erzählung dar. Die Bedeutung dieses Konnexes für Nadeshda generiert zwar nicht den von Hübner vermissten Plot des Erzähltextes, ist aber sein Generator schlechthin: Bodrožić' Text ist als eine Hommage an Geschichten zu verstehen, als eine Hommage an den immer neuen Versuch, mit Sprache die Gewalt der postjugoslawischen Kriege einzufangen, ohne dabei die andere, mediterran warme Seite Jugoslawiens in den Hintergrund treten zu lassen. Zum Ausgangspunkt dieser Versuche wird die von der Erzählerin aufgeworfene Frage *„Wer bin ich?"* (GL 19): Mit der Vielzahl von gleich 49 Antwortmöglichkeiten von Nadja bis Nadinka gelingt es der Autorin aufzuzeigen, dass Identität eine Frage der Perspektive ist bzw. eine nach dem Standort des nach ihr fragenden Subjekts. Die dieser Untersuchung eingeschriebene Frage nach dem „Wo" des Balkans beantwortet der Text mit einem ‚Überall', wenn er davon erzählt, dass Nadeshda an all ihren Aufenthaltsorten auf Menschen aus ihrem Heimatland trifft. Zudem wird der Balkan hier nicht als geografisch oder politisch definierter Raum verhandelt, sondern als ein Lebensgefühl – als eine Einstellung zum Leben, die sich auf eine Vielheit als Einheit jenseits von Grenzziehungen beruft. „Das ganze Leben ist Balkan, sagte Ilja, man muss es nur wissen, sonst ist man verloren." (GL 240)

Fehlende Anführungsstriche:
Horizontale und vertikale Polyphonie (Stanišić)

In ihrer Rezension in der *Zeit* vom 6. Oktober 2006 behauptet Iris Radisch, Saša Stanišić stolpere in seinem Debütroman *Wie der Soldat das Grammofon repariert* „über die Poesie des Kindlichen"[31]. Radisch deutet die vom Autor gewählte Erzählstimme ausschließlich als kindliche und hält diesbezüglich fest, dass sie ebensolche generell für ein „heikles Thema"[32] der Literatur halte.[33] Stanišić tappe ihr zufolge „mit seiner Kindererzählung vom Balkankrieg in die erste Falle, die auf seinem Weg liegt: in die Kitschfalle"[34].

> Aleksandar, das altkluge Kind aus Višegrad, das hier erzählt, versucht, in einer Sprache über seine Kriegerlebnisse zu berichten, die offenbar die Sprache eines frühpubertierenden Jungen sowohl imitieren als auch poetisch

31 Iris Radisch: Der Krieg trägt Kittelschürze. Saša Stanišić schreibt seinen ersten Roman über den Bosnienkrieg und stolpert über die Poesie des Kindlichen. In: *Die Zeit*, 06.10.2006. http://www.zeit.de/2006/41/L-Stanisic (Zugriff am 22.08.2016).

32 Ebd.

33 Einzig der Grass'sche kindliche Erzähler Oskar Matzerath in *Die Blechtrommel* (1959) und Imre Kertész' junger Erzähler in *Roman eines Schicksallosen* (1975) werden von Radisch ob ihrer „genialischen Naivität" von einer allgemeinen Kritik kindlicher Erzähler in der Literatur ausgespart (vgl. ebd.).

34 Ebd.

aufpolieren soll. Das erzwingt einerseits eine ganz unbedarfte, naiv anekdotische, andererseits [eine] ein wenig hochgespannte, bemüht märchenhafte Ausdrucksweise.[35]

Bezugnehmend auf die Nominierung des Textes für den Deutschen Buchpreis 2006 betont die Rezensentin, dass sie diese zwar nicht „literaturkritisch", gleichwohl aber „menschlich" nachvollziehen könne, weil

> die kindliche Poetisierung des Jugoslawienkrieges, die Undurchsichtigkeit und Entrücktheit des Krieges, die in dieser manieriert kindischen Erzählhaltung beschlossen liegt, [...] dem diffusen Gefühl [entspricht], das der westeuropäische Betrachter mit dem Krieg bis heute verbindet.[36]

Damit verweist Radisch indirekt auf ebenjene Potenziale des Textes, die sie ihm selbst abspricht. Meine narratologischen Überlegungen diesen Text betreffend entfalten sich auf der Grundlage meiner Wahrnehmung der Erzählstimme als einer polyphonen – und eben nicht ausschließlich kindlichen. Stanišić entwirft mit seinem Debüt vielmehr innovative Erzählstrategien, die von Erzähltheorien so bislang terminologisch noch gar nicht erfasst wurden. Ich schließe mich diesbezüglich Previšić an, der betont, dass der Autor mit seiner Erzählstrategie alles, „was die Narratologie bisher über den Ich-Erzähler festgehalten hat, [auf die Spitze treibt]"[37]. Gerade wohl aufgrund seiner die Erzähltheorie heraus- und überfordernden Aspekte wird Stanišić' Text seitens der Rezeption in Feuilleton und Forschung vorschnell auf eine kindliche Erzählstimme reduziert. Der literaturwissenschaftliche Beitrag von Lene Rock ist 2012 der erste, der herausstellt, dass die Erzählstruktur in *Wie der Soldat das Grammofon repariert* zwar ob der vielstimmigen Bruchhaftigkeit kompliziert wirkt, die einzelnen Stimmen aber mehr oder minder eindeutig anderen Figuren der Erzählung zugeschrieben werden können.[38] Brigid Haines hat 2011 die Vermutung geäußert, dass die wenigen negativen Kritiken des in 31 nicht-deutschsprachigen Ländern veröffentlichen Romans auf ein Missverständnis des Textes bzw. seiner Erzählstrategien zurückzuführen sind: „Aleksandar is far from being the

35 Ebd.

36 Ebd.

37 Previšić: *Literatur topographiert*, S. 371.

38 Vgl. Lene Rock: Überflüssige Anführungsstriche: Grenzen der Sprache in Terézia Moras *Alle Tage* & Saša Stanišić' *Wie der Soldat das Grammophon repariert*. In: *Germanica* 51 (2012), S. 2–12, hier S. 4.

only voice represented. The polyphony serves to incorporate some of the testimony that Aleksandar himself, with his limited perspective, cannot give."[39]

Eine mit der Frage nach der Bedeutung der kindlichen Erzählstimme zusammenzudenkende Besonderheit des Textes stellt gleich zu dessen Beginn die Ernennung Aleksandars zum Erzähler durch seinen Großvater dar. In der Buchbesprechung in *Focus on German Studies* verweist Monika Straňaková 2007 auf das wirkmächtige und symbolische Bild dieser Ernennung. Die unzähligen Geschichten und Anekdoten des wegen seiner überbordenden Fantasie als Lehrerschreck verschrienen Jungen verdanken LeserInnen also im Ursprung dem Großvater Slavko – einem treuen Anhänger Titos und überzeugten Kommunisten. Mit dessen Tod setzt der Roman ein.[40] Großvater Slavko hat Aleksandar noch am Morgen des Tages, an dem er sterben sollte, zum „mächtigste[n] Fähigkeitenzauberer der blockfreien Staaten" (WG 11) ernannt und ihm zudem das Erzählen als höchste Verpflichtung und Aufgabe mit auf den Weg gegeben (vgl. WG 11). Der Text liest sich somit von Beginn an auch als ein Text über intergenerationale Kommunikation und als Auseinandersetzung mit Natur, Bräuchen und Traditionen, die über den engen Zusammenhalt der Familie vorgeführt wird.[41] Eine pointierte Zusammenfassung der Handlung gibt Alexandra Millner:

> Im Kindergartenalter erlebt er [Aleksandar] den Kampf um Višegrad in dem von fremden Soldaten besetzten Mietshaus, bis die Eltern mit ihm und den beiden Großmüttern die Flucht nach Deutschland ergreifen. Die Großmutter väterlicherseits kehrt wieder nach Višegrad zurück [...]. Die Eltern emigrieren mit der anderen Großmutter weiter in die USA, wo sein Vater endlich wieder malen kann. Aleksandar bleibt aus Gründen der Sozialisierung und zum Studium in Deutschland und hält Kontakt zur Großmutter in Višegrad.[42]

39 Bigrid Haines: Saša Stanišić, *Wie der Soldat das Grammofon repariert*: Reinscribing Bosnia, or: Sad Things Positively. In: Lyn Marven / Stuart Taberner (Hrsg.): *Emerging German-Language Novelists of the Twenty-First Century*. Rochester / New York: Camden House 2011, S. 105–118, hier S. 108.

40 Vgl. Monika Straňaková: Saša Stanišić. *Wie der Soldat das Grammofon repariert*. In: *Focus on German Studies* 14 (2007), S. 196–199, hier S. 196.

41 Vgl. Alexandra Millner: Großmama packt aus – Enkelkind schreibt auf. Großeltern, Krieg und Migration in deutschsprachigen Romanen (2000–2010). In: Joanna Drynda (Hrsg.): *Zwischen Aufbegehren und Anpassung. Poetische Figurationen von Generationen und Generationserfahrungen in der österreichischen Literatur*. Frankfurt am Main: Lang 2012, S. 309–323, hier S. 314.

42 Ebd., S. 312.

Die Geschichte der verlorenen Heimat ist eine der Identität und führt mit Annette Bühler-Dietrich gesprochen „zu Strategien auf der Ebene der Darstellung und der Handlung, um diesen Verlust zu beschreiben und zu bewältigen“[43]. Mit dem Verlust der Heimat Jugoslawien drohen familiäre Genealogien zu zerbrechen. Mit dem Erzählen will Aleksandar ebendiese familiären Geschichten präsent halten. Gerade deshalb, so meine Vermutung, kommen auch die noch lebenden Großmütter Aleksandars in diesem polyphonen Text zu Wort. Die vielseitigen Verlusterfahrungen werden zudem auf narrativer Ebene durch Brüche des Erzählflusses eingefangen: „[A]n die Stelle eines mit privilegiertem Wissen und Autorität ausgestatteten Erzählers ist der stockende Rhythmus der Erinnerung getreten“[44], so Aleida Assmann über Charakteristika des zeitgenössischen Familienromans, als welchen ich Stanišić' Debüt betrachte. Trotz dieses stockenden Rhythmus bricht die Erzählung nicht ab, sondern verändert sich vielmehr. Diese Veränderung lässt sich mit Verweis auf die Struktur des Textes belegen.

Der 28 Kapitel umfassende Text gliedert sich in mehrere Teile. Einem angeblich naiven Erzählblick steht somit eine komplexe Konstruktion subtil verknüpfter Binnengeschichten mit wechselnden Erzählperspektiven und einer Vielfalt an gewählten bzw. eingebundenen literarischen Formen gegenüber. Die mit Beschreibung des Krieges einsetzende literarische Formenvielfalt zeigt sich in Briefen, Gedichten, Aufsätzen, Protokollen und einem Buch im Buch mit eigenem Vorwort. Finzi betrachtet diese Vielfalt als „Signum eines postmodernen Erzählens“[45]. Eines der zwei zentralen narrativen Stilmittel ist die Verwendung von Anaphern. Laut Bühler-Dietrich leiten diese „eine potentiell unendliche Bestandsaufnahme ein[]“[46], die sich einem logischen Sinnzusammenhang widersetzt.[47] Einer gewissen Unzuverlässigkeit des Erzählers werden exakte Daten auf

43 Annette Bühler-Dietrich: Verlusterfahrungen in den Romanen von Melinda Nadj Abonji und Saša Stanišić. In: *Germanica* 51 (2012), S. 2–10, hier S. 2.

44 Aleida Assmann: Unbewältigte Erbschaften. Fakten und Fiktionen im zeitgenössischen Familienroman. In: Andreas Kraft / Mark Weißhaupt (Hrsg.): *Generationen: Erfahrung – Erzählung – Identität*. Konstanz: UVK 2009, S. 49–69, hier S. 53.

45 Finzi: *Unterwegs zum Anderen?*, S. 244.

46 Bühler-Dietrich: Verlusterfahrungen in den Romanen von Melinda Nadj Abonji und Saša Stanišić, S. 5.

47 Vgl. ebd.

den zu Kapitelüberschriften verarbeiteten Briefen an seine Freundin aus Kindheitstagen mit Namen Asja entgegengesetzt. Die ausufernden Fiktionalisierungen des Erzählers stehen seinem Hang zur Erstellung von Listen und dem Zusammenhalten von Erinnerungen gegenüber – oder gerade auch nicht: Denn es geht bei der Analyse des Textes meiner Meinung nicht darum, Widersprüche im Erzählverhalten Aleksandars auszumachen, sondern diese als Eigentümlichkeit und als Ergebnis der kriegerischen Zäsur im Leben des Jungen zu deuten. Bühler-Dietrich rezipiert das entfaltete Erzählverfahren als „spiralförmig"[48]: Das permanente Wiederholen von Gedanken und das Durchspielen der Erinnerung bei gleichsamer Verschiebung dient ihr zufolge dem Ziel, alles zu überprüfen.[49] „Aleksandars Wiedergewinnungsversuch ereignet sich im Paradoxon des Wissens um die Veränderung."[50] Bezüglich der Aufforderung der deutschen Behörden an seine Eltern, wieder in die vermeintlich noch existierende Heimat zurückzukehren, hält Aleksandar fest:

> Freiwillige Rückkehr nennt sich das. Ich finde, etwas Verordnetes kann nicht freiwillig sein und eine Rückkehr keine Rückkehr, wenn es sich um einen Ort handelt, dem die Hälfte der ehemaligen Bewohner fehlt. Das ist ein neuer Ort, dahin kehrt man nicht zurück, da fährt man zum ersten Mal hin. (WG 151)

Zweites zentrales Stilmittel ist das Weglassen von Anführungsstrichen. Dass dieses Wegfallen der Kennzeichnung direkter Rede ein bewusst eingesetztes Stilmittel von Stanišić ist, erschließt sich durch den Verweis auf jene Textpassagen, in denen Aleksandar selbst die Bedeutung der Anführungsstriche für zum Beispiel seinen Schulaufsatz reflektiert, dessen Titel zugleich Titel des sechsten Kapitels ist: „Was Milenko Pavlović, genannt Walross, von seiner schönen Reise mitbringt, wie das Bein des Stationsvorstehers zum Leben erwacht, wofür man Franzosen gebrauchen kann und warum die Anführungsstriche überflüssig sind." (WG 87) Obgleich Aleksandars Lehrer Herr Fazlagić ihn nachdrücklich darauf hinweist, dass es „für die direkte Rede [...] Anführungsstriche [gibt]" (WG 84), beherzigt der junge Schüler diese ‚Ansage' des Lehrers nicht, sondern stellt diese bezüglich der von ihm anvisierten Aussage seiner Texte selbstbewusst infrage:

48 Bühler-Dietrich: Verlusterfahrungen in den Romanen von Melinda Nadj Abonji und Saša Stanišić, S. 5.

49 Vgl. ebd.

50 Ebd.

> Weil jeder alles sagen und denken und nicht sagen darf, und wie sollen Anführungsstriche für nichtgesagtes Denken aussehen, oder für gelogenes Sagen, oder für Denken, das gar nicht genug ist, um gesagt zu werden, oder für das wichtige Gesagte, das nicht gehört wurde? (WG 87)

Charlton Payne macht in seinem Beitrag von 2014 eine von ihm herausgearbeitete Vielstimmigkeit des Textes ebenfalls am Weglassen von Anführungsstrichen fest: „Typographically, it is marked by the absence of quotation marks, so that the direct speech of different characters converge upon the free, indirect discourse of the narrating protagonist“[51]. Das Wegfallen der Anführungsstriche als Markierung direkter Rede generiert hinsichtlich der Frage nach der Erzählstimme ein mosaikartiges Textgewebe, ein Puzzle, bei dem erst eine genaue Lektüre Passagen des Textes als Rede anderer zu identifizieren vermag. Erst am Ende eines Absatzes wird das zuvor Gesagte als Rede einer anderen Person erkennbar – manchmal lässt sich eine solche fremde Rede aber auch nur erahnen. Ein Verwirrspiel um Perspektiven wird hier vor den Augen der LeserInnen entfaltet. Das „ich“ beispielsweise, auf das der Titel des achtzehnten Kapitels „was ich eigentlich will“ (WG 149) rekurriert, erschließt sich erst am Kapitelende als „ich“ der Großmutter Nena Fatima, wenn ihr Name gleich einer Unterschrift am Ende eines Briefes das Kapitel abschließt (vgl. WG 150). Zuvor lässt sich nur erahnen, dass sich hinter dem 29-mal aufgerufenen „ich“ nicht Aleksandar verbirgt, der sich wohl wenig um „immer schönes haar“ (WG 149) schert. Previšić, der sich in gleich mehreren Publikationen intensiv der Erzählperspektive dieses Textes zugewendet hat, hält treffend fest: „Immer wenn einschneidende Erlebnisse berichtet werden, nimmt der oder die Betroffene die Position des Ich-Erzählers ein.“[52] So obliegt es zum Beispiel Aleksandars Freund Zoran nach Aleksandars Flucht mit seiner Familie nach Deutschland, zu dokumentieren, was sich in Višegrad abspielt – und Aleksandar erspart bleibt. Erst durch den Wechsel der Erzählstimme kann überhaupt vom Krieg erzählt werden. Der Titel des zwölften Kapitels verweist darauf, dass Aleksandar hier angesprochen wird, selbst aber nicht spricht: „Hallo. Wer? Aleksandar! So was,

51 Charlton Payne: How the Exiled Writer Makes Refugee Stories Legible: Saša Stanišić Wie der Soldat das Grammofon repariert. In: *Gegenwartsliteratur. Ein germanistisches Jahrbuch* 13 (2014), S. 321–339, hier S. 324.

52 Previšić: Eine Frage der Perspektive, S. 104.

woher rufst du an? Nicht schlecht! Beschissen, und selbst?" (WG 144) Das Kapitel stellt die Hilflosigkeit des Freundes Zorans über verzweifelte Fragen an Aleksandar ebenso wie über eine ubiquitäre Verwendung des Wortes ‚Hass' aus. Neben dem Wechsel der Erzählstimmen kommt es, eingeleitet durch die Zäsur des Krieges, auch zu einem Perspektivenwechsel innerhalb der Ich-Erzählfigur. So entfalten sich innerhalb der Ich-Erzählung Aleksandars verschiedene zeitliche Dimensionen, die vor allem auch auf der Strukturebene des Textes verhandelt werden. Damit erzeugt der Text Polyphonie nicht nur auf horizontaler Ebene durch Wechsel der Erzählperspektive von Aleksandar auf Zoran oder auf die Großmutter. Polyphonie wird auch vertikal innerhalb der Ich-Erzählperspektive entfaltet, wenn der Ich-Erzähler vor, während und nach den Kriegen erzählt. Die Annäherung an die postjugoslawischen Kriege unternimmt im letzten Teil des Romans ein erwachsen gewordener Aleksandar, der mittlerweile seit Jahren schon ohne seine Eltern in Deutschland lebt. Previšić bezeichnet ebendieses verschiedene zeitliche Schichten umfassende Erzählen als „plurichronisches"[53]. Mit der eingefangenen Vielstimmigkeit auf horizontaler wie auch auf vertikaler Ebene werden binäre Denkkategorien im Sinne von Freund-Feind-Schemata und weitere dichotomische Ordnungen außer Kraft gesetzt: Der ethnisch, national oder kulturell Andere erscheint als Gleichberechtigter, weil auch ihm die Erzählstimme verliehen wird. Stanišić bildet mit seinen verschiedenen Erzählperspektiven einen Querschnitt der Bevölkerung Bosniens hinsichtlich ihrer religiösen, ethnischen, altersspezifischen und geschlechtlichen Zugehörigkeit ab. So wird auch das Bild einer glücklichen und idyllischen Kindheit in einer bosnischen Stadt an der Drina gezeichnet, wo Christen und Muslime, Bosnier und Serben bis zum Ausbruch der Kriege entgegen medialer Berichterstattungen durchaus friedlich nebeneinander und miteinander gelebt hatten. Mittels der Narrativität des Textes wird so auch eine deutschsprachigen LeserInnen ungekannte Geschichte über eine Region vorgelegt, die ob der medialen Kriegsberichterstattung unangemessen als Pulverfass und Krisenherd diskursiv nachwirkt.

Mit dem Älterwerden des Protagonisten geht schließlich ein sprachliches Erwachsenwerden einher, sodass der Vorwurf einer durchgängig kindlichen Erzählperspektive abermals zurückgewiesen werden

53 Previšić: *Literatur topographiert*, S. 374.

muss. Stanišić findet zu einer eigenständigen Poetologie bezüglich der Frage nach dem Erzählen über den Balkan. Betreffend der Frage nach Transformationen tradierter Balkan-Narrative bleibt zu resümieren, dass *Wie der Soldat das Grammofon repariert* meines Erachtens die intensivste Abkehr von tradierten Balkan-Narrativen gelingt. Die bereits von Zeh und Bodrožić vorgelegten subversiven literarischen Versuche, eine Handkesche Poetologie über den Balkan zu unterlaufen, werden mit *Wie der Soldat das Grammofon repariert* potenziert, wenngleich das mitunter den Lesenden überfordert – ihn überfordern, vielleicht auch herausfordern muss.

2. Intertextualität: Andere Stimmen, geteilte Erfahrungen?

Den drei GegenwartsautorInnen gelingt auf Strukturebene durch textuelle Verfahren wie dem Einbinden intertextueller Versatzstücke die Subversion tradierter Balkan-Narrative. Intertexte, zum Beispiel ein Peritext als Buch im Buch bei Stanišić, generieren zudem ein Verweisspiel zwischen Migration und Exil thematisierenden Texten im Text selbst. Der einzelne Text ist damit immer schon als Kollektiv angelegt; und Erfahrungen von Flucht und Vertreibung sowie das Entwickeln neuer Lebensentwürfe sind *nicht* als Einzelphänomene inszeniert. Die Bezüge zu anderen Balkan-Texten verorten die Region zudem mitten in Europa oder entlarven den Balkan als ein ohnehin mentales Konstrukt, das allerorts und nirgendwo gesucht und gefunden werden kann. Die Figuren der Texte treten als Vertreter des Balkans ebenso wie als Repräsentanten Europas auf und fordern offene Gemeinschaftsordnungen. Exemplarisch realisieren die Texte eine solche Form offener Gemeinschaft bereits, wenn der Text als textuelles Gewebe oder vielmehr als kollektives Gedächtnis ein Ort der Vielen ist.

Zitation als Subversion: Intertextuelle Referenzen zu Handke (Zeh)

Wenngleich im Folgenden vor allem die intertextuelle Referenz Zehs auf Handke als subversives textuelles Verfahren erläutert werden soll, mittels dessen die von Handke tradierten Balkan-Narrative aufgebrochen werden, dürfen weitere intertextuelle Bezugnahmen nicht außen vor gelassen werden. Indem Zeh zum Beispiel Joseph Conrads *Herz der Finsternis* anzitiert, ruft sie einen Referenztext postkolonialer kultur- und literaturwissenschaftlicher Diskurse auf. Damit zeigt sich, dass die von Todorova Ende der 1990er Jahre entworfene Balkanismus-Theorie in literarischen Texten des 21. Jahrhunderts Reflexion erfährt. Die Anspielung Zehs auf Conrads *Herz der Finsternis* gleich zu Beginn ihres Textes verweist somit explizit auch auf die latente Krise des europäischen Subjekts, die – so hat es bereits das Einführungskapitel erörtert – spätestens mit den postjugoslawischen Kriegen als solche wieder ins Bewusstsein Westeuropas getreten ist und die Vorstellung eines Kontinents ohne Krieg als Utopie enttarnt hat. Aufgerufen wird die 1901 veröffentlichte Erzählung des in englischer Sprache publizierenden Schriftstellers polnischer Herkunft, Joseph Conrad, gleich auf der ersten Seite. Die Ich-Erzählerin beschreibt, was auf der ihr im Reisebüro ausgehändigte Landkarte zu sehen ist:

> Einige nicht sehr große Länder liegen unordentlich nebeneinander, ein paar Namen von Städten und Flüssen kenne ich aus den Zwanzig-Uhr-Nachrichten. Im Herzen der Finsternis liegt ein weißer Fleck, in dem geschrieben steht: „Dieses Land eignet sich nicht für touristische Reisen". Das ist Bosnien-Herzegowina. (DS 9)

„Im Herzen der Finsternis" (DS 9) als expliziten Rekurs Zehs auf Conrad zu lesen, wird durch eine weitere Bezugnahme auf diesen Autor in Zehs journalistischem Artikel „Leere Mitte" angeregt. Dort ist ein Zitat Conrads, dessen Text in exemplarischer Weise die Verbrechen des europäischen Kolonialismus sichtbar macht, eingewoben und für die Balkan-Thematik dynamisiert. Zeh regt durch den Conrad-Verweis dazu an, die kriegerische Auflösung Jugoslawiens als von Westeuropa provoziert zu lesen und verhandelt die Balkan-Region als eine, an und in der Verbrechen seitens westeuropäischer Länder ausgeübt wurden. Brokoff verhandelt *Herz der Finsternis* sogar als „substantielle Grundlage"[54] von Zehs Reisebericht. Zudem verweist Brokoff auf die Referenzen Zehs zu Hans Magnus Enzensbergers 1992 in der *taz* veröffentlichten Text mit dem Titel *Bosnien, Uganda. Eine afrikanische Ansichtskarte*[55], der ihm zufolge „in mehrfacher Hinsicht das Vorbild für die Reiseerzählung [Zehs] ab[gibt]"[56]. Das Thema des zentralen Gesprächs in Enzensbergers

54 Brokoff: „Zusehen, wie alles grundlos zwischen Gut und Böse pendelt", S. 264.

55 Hans Magnus Enzensberger: Bosnien, Uganda. Eine afrikanische Ansichtskarte. In: Ders.: *Zickzack*. Frankfurt am Main: Suhrkamp 1997, S. 89–94.

56 Brokoff: „Zusehen, wie alles grundlos zwischen Gut und Böse pendelt", S. 262.

Text kreist um die Situation in Uganda nach dem Bürgerkrieg und die mögliche Vergleichbarkeit afrikanischer und europäischer Kriegserfahrungen. Auffällig ist dabei „der nüchterne Blick der afrikanischen Gesprächspartner auf den Bürgerkrieg im zerfallenden Jugoslawien“[57]. Brokoff argumentiert, dass die Afrikareferenz Zehs auf Conrad von Enzensberger angeregt sei. So buchstabiert Zeh den von Enzensberger angeregten Afrika-Jugoslawien-Vergleich unter Einbeziehung von Conrads Erzählung weiter aus bzw. hält diesen wach. Der Titel ihres vorletzten Kapitels lautet beispielsweise „Das letzte Negerlein“ (DS 252).

Conrads *Herz der Finsternis* erzählt davon, dass der vermeintlich ‚gute Europäer‘ in Auseinandersetzung mit dem ‚schwarzen Kontinent‘ (psychologisch argumentiert) wahnsinnig wird. Ebendieses Wahnsinnigwerden deutet sich auch in *Die Stille ist ein Geräusch* an. Die Ich-Erzählerin kann sich diesem aber weitestgehend entziehen, indem ihr – im Gegensatz zu Conrads Protagonist Mr. Kurtz – ein anderer Umgang mit der Fremde gelingt. Zudem ist die Konfrontation mit dem Balkan eine, die sich insofern nicht in der Fremde abspielt, weil der Balkan als Teil Europas auch auf das Eigene verweist – das Fremde im Eigenen aufruft –, wohingegen Afrika vor allem in der Literatur als *die* Fremde schlechthin verhandelt wird. Wenn die Ich-Erzählerin von Zehs Text als Intention ihrer Reise festhält, dass sie herausfinden möchte, „ob Bosnien-Herzegowina ein Ort ist, an den man fahren kann, oder ob er zusammen mit der Kriegsberichterstattung vom Erdboden verschwunden ist“ (DS 11), betrachtet Brokoff dies ebenfalls als von Enzensberger inspiriert. Bei Enzensberger macht sich der Protagonist in ein Land auf, das nach Ende des Bürgerkrieges „aus den internationalen Medien verschwunden“[58] ist. Gerade bezüglich einer Kritik der Medien schließt sich der Kreis intertextueller Referenzen zu Peter Handke, der mit seinen Balkan-Texten ebenfalls „hinter den Spiegel“ (WR 39) der medialen Kriegsberichterstattung schauen möchte. Handkes Ziel ist es dabei, den medialen Bildern eine – seine – „Augenzeugenschaft“ (WR 39) entgegenzustellen. Diese vergleichbaren Reiseintentionen Handkes und Zehs versteht Brokoff als „Teil eines narrativen Subjektivierungsprogramms“[59], das

57 Ebd., S. 263.

58 Enzensberger: Bosnien, Uganda, S. 11.

59 Brokoff: „Zusehen, wie alles grundlos zwischen Gut und Böse pendelt“, S. 264.

auf literarische Darstellung der Ereignisse abzielt, die Reise aber als Voraussetzung ebendieser Darstellung benötigt. Bezüglich dieses Sich-Aussetzens der Ich-Erzählfigur sieht Brokoff ferner Anleihen Zehs bei W.G. Sebald und dessen Essay *Luftkrieg und Literatur* (1999), die ich allerdings nicht bestätigen kann.[60]
Es soll fortfolgend nicht darum gehen, jeglichen potenziellen Referenztext nachzuweisen, sondern jene, die bezüglich der konkreten Balkan-Thematik von Bedeutung sind. Zehs Erzählerin hält bezüglich der Aufhebung der vermeintlich durch Geografie und Berichterstattung bedingten Distanz zum ehemaligen Jugoslawien fest: „Gewissen Ereignissen gegenüber werde ich immer dreitausend Kilometer entfernt vor Radio und Fernseher sitzen, genau da, wo ich saß, als sie stattfanden. Am Ort des Verbrechens zu stehen ändert nichts." (DS 158). Damit wird die Referenz zu Geoff Dyers *The Missing of the Somme* (1994) offensichtlich. Ebendort sagt der Erzähler, an einer Erinnerungsstätte des Ersten Weltkrieges stehend: „[M]y presence here changes nothing."[61] Anstelle die Erzählung mithilfe historischer Quellen zwecks einer vermeintlichen Authentizität zu unterfüttern, wird das Unvermögen der Überwindung subjektiver Distanz zu nicht-erlebten Ereignissen prominent gemacht, indem auf Literatur verwiesen wird, die diese Unmöglichkeit ebenfalls illustriert. Die Verzweiflung der Erzählerin bei Zeh, die im Gegensatz zu dem Erzähler bei Stanišić und der Erzählerin bei Bodrožić nicht durch ihre Herkunft verbunden und vertraut ist mit dem Erzählgegenstand, wird als solche offen ausgestellt. Wenn die Ich-Erzählerin in einem bosnischen Café auf einige während des Krieges im Land gebliebene Schriftsteller trifft, wird von diesen ein ganzer Kanon deutschsprachiger Literaturklassiker anzitiert, was von Neuem Verzweiflung und Scham bei der Erzählerin entfacht: Sie ist beschämt, dass „Goran [...] den ganzen Thomas Mann gelesen [hat]" (DS 84), auch Grass, Bachmann und Böll, während sie selbst nicht einen einzigen bosnischen Autoren kennt. In ihrem Versuch, diesem Land näherzukommen, stößt die Ich-Erzählerin unweigerlich auf dessen Prägung durch eine westeuropäische ‚Vormachtstellung':

> [Ich] frage auf Englisch nach bosnischer Gegenwartsliteratur in Übersetzung. [...] Ein Mädchen [...] zeigt mir ein Regalfach, in dem neben einem halben Meter Nobelpreisromanausgaben drei Bände mit Kurzgeschichten

60 Vgl. Brokoff: „Zusehen, wie alles grundlos zwischen Gut und Böse pendelt", S. 265.
61 Vgl. Geoff Dyer: *The Missing of the Somme*. New York: Vintage 2011, S. 130–131.

> stehen, [...] zwei davon auf Deutsch, einer auf Englisch. [...] Ich nehme das blassbraune in die Hand: „Das Kind. Die Frau. Der Soldat. Die Stadt." Auf Serbokroatisch klingt das bestimmt auch nicht besser. Ich schlage es auf und entdecke vier Rechtschreibfehler. (DS 69–70)

Wo sich die Ich-Erzählerin im Kreise der bosnischen Schriftsteller selbstsicher als Autorin bezeichnet, ist sie sich fern dieser über ihren Beruf verbundenen Gemeinschaft nicht mehr sicher, was sie als ihren Beruf versteht: „Jurist, Tourist, Buddhist? Journalist ohne Presseausweis?" (DS 85) Inszeniert wird hier, dass Selbstbezeichnungen immer auch an Fremdbezeichnungen gekoppelt sind, was abermals auch die Reziprozität von Eigen- und Fremdstilisierungen des Balkans wachruft.

In Zehs Beschreibung der bosnischen Umgebung werden subversive Handke-Referenzen erschließbar. An dieser Wahrnehmung der bosnischen Landschaft macht Previšić 2014 seine meiner Meinung nach nicht gerechtfertigte Kritik des Reiseberichts fest. Er attestiert Zeh eine „Sehstörung, welche Wahrnehmungsmodus und Wahrnehmungsobjekt verschränkt"[62]. Damit verleiht Previšić seinem Ärger über die Anleihen Zehs bei Handke Ausdruck, die die Handkeschen „raubtierspitzmäulige[n], märchendicke[n] Flußfische[]" (WR 97) zu „pommesfritesgroßen Fische[n]" (DS 206) hat schrumpfen lassen. Doch mit dieser Referenz (und der semantischen Verschiebung der Fische) gelingt Zeh eine Entexotisierung des Balkans. Ich stimme Previšić *nicht* zu, wenn er Handke lobend eine „haptisch-sinnliche[] Erkundung Serbiens"[63] zuspricht und Zeh eine „Sehstörung"[64]. Previšić ist der Auffassung, Zeh schreibe „an zahlreichen Stellen gegen [Handkes] *Winterliche Reise* an"[65]. Wenngleich eine Textpassage bei Zeh die Autorfigur Handke und die Zehsche Erzählerin auf verschiedenen Seiten der Drina stehend in Szene setzt, ist damit keine Szene im Sinne eines Duells aufgerufen. Im Gegenteil: „Da drüben auf der anderen Seite stand Peter Handke vor fünfdreiviertel Jahren, entdeckte eine Kindersandale und wollte nicht herüberkommen. Was haben sie ihn dafür gescholten." (DS 231) Gerade Zehs Nachsatz weist auf die Schwierigkeit einer Positionierung in

62 Previšić: *Literatur topographiert*, S. 332.

63 Ebd.

64 Ebd.

65 Previšić: Eine Frage der Perspektive, S. 103.

Bezug auf den Balkan und auf vorschnelle mediale Verurteilungen hin. Zeh gelingt es, eine ‚Balkanpoetologie' jenseits der von Handke mit seinen Texten ubiquitär aufgerufenen Exotisierungen zu entfalten. Ihr Versuch um Authentizität zeigt sich auch im Präsens als gewähltes Erzähltempus und im Verzicht auf Vor- und Rückblenden, mit denen häufig um Sinnstiftung bemühte Erläuterungen in Texte eingelassen sind. Auch Finzi stellt heraus, dass bei Zeh der Eindruck entsteht, „als gäbe es nahezu keine Differenz und keinen zeitlichen Abstand zwischen dem Erleben und dem Erzählen, zwischen Welt und Sprache [...]"[66]. Programmatisch und durchgängig eingehalten durchzieht diese Erzählstrategie den gesamten Text. Die Erzählerin hält in Konfrontation mit dem Balkan und den sie überflutenden Reizen fest: „Ich bin wieder Kind und wachse heran innerhalb weniger Stunden, staunend darüber, wie die Welt ist." (DS 46)
Meines Erachtens verkennt Cufaj in seiner Kritik die ausgeführten narratologischen Besonderheiten des literarischen Reiseberichts. Mit seiner Einstufung des Textes als „Sachbuch"[67] verknüpft er die Erwartung an den Text, dieser habe einen „noch immer alltäglichen Haß [*sic!*] zwischen den Menschen und Nationalitäten, der das Zusammenleben vergiftet"[68], abzubilden. Diese für mich nicht nachvollziehbare Erwartung setzt eine Verschränkung von Literatur und Politik voraus, die bereits bei Handke zu einer ambivalenten Diskussion im Feuilleton geführt hat, bei der die dezidiert literaturwissenschaftliche Betrachtung des Textes zu kurz gekommen ist. Im Anschluss an die von Katja Thomas 2007 vorgelegte Abschlussarbeit soll *Die Stille ist ein Geräusch* vielmehr in seiner vielseitigen Form als eine „Legierung aus literarischem Reisebericht, Reisereportage, medienkritischem Essay, [...] autobiographischen Aufzeichnungen, fragmentarischem Kaleidoskop"[69] betrachtet werden. Der chronologisch erzählte Text untergliedert jedes Kapitel in Abschnitte und lässt diese jeweils mit einem kursiv gesetzten Halbsatz beginnen. Die Kürze der Abschnitte erinnert an Tagebucheinträge oder an Reiseaufzeichnungen. Diese Assoziation erfährt durch die Kursivsetzung von Satzteilen zu Beginn jedes Abschnitts Bestätigung. Sie können als grafische Imitation einer Handschrift gedeutet werden. Fragen

66 Finzi: *Unterwegs zum Anderen?*, S. 195.
67 Cufaj: Nicht ohne meinen Hund, S. 40.
68 Ebd.
69 Thomas: *Poetik des Zerstörten*, S. 3.

nach Gattung und Genre aussparend möchte ich den hybriden Charakter des Textes herausstellen und, im Anschluss an das auf der bei der btb-Taschenbuchausgabe abgedruckte Zitat von Rolf Schneider, von einem „bemerkenswerte[n] Stück Literatur“[70] sprechen. Die Kapitelüberschriften sind kurz gehalten und rufen ein weiteres Spezifikum des Schreibverfahrens von Juli Zeh auf: die stilistische Nähe zu Filmskripts. Zudem finden sich neben intertextuellen Literaturanleihen auch Einbindungen von Filmzitaten, Zitaten aus Reiseführern und Kriegsberichterstattungen. Zeh breitet mit dieser vielseitigen Form von Intertextualität verschiedene Wahrnehmungsfolien vor den LeserInnen aus und kann darüber aufzeigen, inwiefern eine westeuropäische Wahrnehmung von den verschiedenen Medien (Kino, Literatur, Journalismus) geprägt ist. Sie regt dazu an, sich einer solchen Beeinflussung zu widersetzen, wenn sie warnt:

> *Wenn erst eine Zeitlang* [*sic!*] *gelogen worden ist*, haben alle recht: Die ohrenbetäubende Popmusik, durch die sich Mostar Abend für Abend in eine Freiluftdisko verwandelt. Die Kriegsberichterstattung, welche ich in den Nächten lese. Der Reiseführer mit seinen Vorkriegsphotos. Die Totenkopffassaden und die aufatmende Natur. Die Balkanhelden. (DS 149–150)

Diese Vielzahl an Bezugsfolien führt den RezipientInnen auf formaler Ebene die Reizüberflutung vor, die die Erzählerin auf inhaltlicher Ebene permanent reflektiert und die im Titel des Textes verarbeitet ist, der herausstellt, dass selbst die Stille ein die Sinne beanspruchendes Geräusch sein kann. Um unbedingte Authentizität bemüht, will die Ich-Erzählerin alles erfassen und muss sich eingestehen: „Ich fühle mich wie einer, der am Ufer eines Flusses sitzt und mitzuschreiben versucht, wie viel Wasser vorbeifließt – und was für welches.“ (DS 71)

Das Buch im Buch: Peritext, Wiederholung und Leerstelle (Stanišić)

„Wenn wir uns das außerordentlich umfangreiche (drei Seiten lange) Inhaltsverzeichnis des Romans des bislang jüngsten Gewinners des *Adelbert-von-Chamisso-Preises* anschauen, dann scheint der Text in 27 Kapitel bzw. Abschnitte gegliedert zu sein“[71], konstatiert

70 Vgl. Juli Zeh: *Die Stille ist ein Geräusch. Eine Fahrt durch Bosnien*. München: btb 2003, Frontcover.

71 Matteo Galli: Wirklichkeit abbilden heißt vor ihr kapitulieren: Saša Stanišić. In: Michaela Bürger-Koftis (Hrsg.): *Eine Sprache – viele Horizonte... Die Osterweiterung der deutschsprachigen Literatur. Porträts einer neuen europäischen Generation*. Wien: Praesens 2008, S. 53–63, hier S. 54.

Matteo Galli in seinem Beitrag von 2008. Obwohl meine Zählung auf 28 Kapitel kommt, stimme ich Galli zu, wenn dieser bezüglich der Kapitelüberschriften festhält, dass diese sich hinsichtlich ihrer Länge enorm unterscheiden: Einige der Kapitelüberschriften umfassen bis zu vier Zeilen, die kürzeste Überschrift hingegen besteht nur aus einem „…" (vgl. WG 100). Letztere Kapitelüberschrift wirkt ebenso rätselhaft wie die sieben Kapitel, deren Titel ein konkretes Datum zwischen dem 26. April 1992 und dem 11. Februar 2002 nennen. So erscheint bereits das Inhaltsverzeichnis als „[e]in Versprechen von Geschichten"[72]. Hinzu kommt eine komplexe Struktur des Textes, bestehend aus Rahmen- und Binnenerzählungen, die sich zum Teil gegenseitig entsprechen. Die ellenlangen Kapitelüberschriften lassen sich im Anschluss an Gérard Genettes bekannte Studie *Paratexte* als „deskriptive Zwischentitel in Gestalt von Ergänzungssätzen"[73] lesen. Galli regt zudem an, die von Stanišić angelegte Struktur des Romans in eine bestimmte literarische Tradition einzuordnen, „nämlich in die Tradition der komischen Volksbücher, die im Mittelalter entstanden ist und über Rabelais und den spanischen pikaresken Roman bis zu Fieldings *Tom Jones* reicht"[74]. Stanišić dekonstruiert den realistischen und referentiellen Charakter der Zwischentitel laut Galli „sowohl in mikro-syntagmatischer als auch in makro-syntagmatischer Hinsicht"[75]: Die Kapitelüberschriften erschließen sich den LeserInnen erst am Ende der Lektüre, wenn sie darum wissen, dass beispielsweise die Kapitelüberschrift „Chefgenosse des Unfertigen" (WG 298) einen ‚Nicknamen' des Ich-Erzählers aufruft.[76] Somit schlagen sich die Verschachtelungen des Textes, das Spiel mit Geschichten in Geschichten, nicht nur auf narratologischer Ebene in der Polyphonie des Textes nieder, sondern auch auf struktureller Ebene. Mit der Dreiteilung des Textes werden zudem die zeitlichen Ebenen des Romans vor, während und nach den postjugoslawischen Kriegen betont: Der erste Teil beschreibt Aleksandars Kindheit in Bosnien vor den Kriegen, der zweite den Krieg,

72 Galli: Wirklichkeit abbilden heißt vor ihr kapitulieren, S. 54.

73 Gérard Genette: *Paratexte. Das Buch vom Beiwerk des Buches*, aus d. Franz. v. Harald Weinrich. Frankfurt am Main: Suhrkamp 2001, S. 287.

74 Galli: Wirklichkeit abbilden heißt vor ihr kapitulieren, S. 54.

75 Ebd.

76 Vgl. ebd.

währenddessen Aleksandar bereits mit seiner Familie in Deutschland lebt, und der dritte Teil umfasst die Reise des Ich-Erzählers, die dieser nach den Kriegen zurück in die ursprüngliche Heimat unternimmt. Der erste Teil umfasst die ersten elf Kapitel; im letzten Kapitel des ersten Teils deutet bereits die Kapitelüberschrift einen Wechsel des Erzähltons zum zweiten Teil an. Denn wo die ersten zehn Kapitel (mit Ausnahme des achten, das nur mit „…" überschrieben ist) drei- bis vierzeilige Überschriften tragen, ist das elfte Kapitel („Emina auf den Armen durch ihr Dorf getragen" (WG 129)) weitaus kürzer und hinsichtlich seiner Deutung zunächst offen. Erst im Kapiteltext erfahren LeserInnen, dass die junge Bosnierin namens Emina nicht aus Freude, sondern ob ihres Todes von einem serbischen Soldaten durch die zerstörte Stadt getragen wird. Der Krieg, dessen Ausbruch sich im siebten, neunten und zehnten Kapitel nur andeutet, wird sodann mit der herzzerreißenden Klage des serbischen Soldaten als ausgebrochen markiert. Galli analysiert für den ersten Teil des Romans „vier Kapitel meta-diegetischer Erzählungen unterschiedlichster Erzähler"[77]. Vor allem das hinsichtlich des veränderten Erzähltons erwähnte elfte Kapitel belegt auf exemplarische Weise, wie die Erzählstimmen anderer zum Einsatz kommen. Das nur eineinhalb Seiten umfassende Kapitel beginnt wie folgt: „Ich habe Emina auf den Händen durch ihr Dorf getragen, sagt der Soldat mit Gold im Mund und Teig an den Händen […]." (WG 129) Die Rede des Soldaten wird ohne Anführungsstriche eingeleitet und erschließt sich nur durch das Wörtchen „sagt" als einleitendes *verbum dicendi*.

Der zweite Teil des Romans setzt auf Seite 131 mit dem zwölften Kapitel ein. Von der geplanten Flucht der Familie erfahren LeserInnen aber bereits im vorletzten Kapitel des ersten Teils. Der zweite Teil ist mit 25 Seiten der kürzeste und umfasst neun Kapitel, von denen sechs als Titel ein Datum tragen und die Vermutung anregen, dass es sich bei diesen Kapiteln um Briefe handelt – was sich vor dem Hintergrund des neuen Lebensabschnitts der Familie in Deutschland argumentativ als schlüssig erweist und sich mit der Lektüre schließlich als richtig herausstellt. Diese kurze Serie von Briefen Aleksandars an Asja wird dreimal unterbrochen: zunächst durch den Anruf Aleksandars bei seinem Freund Zoran in Višegrad, der von den Schrecken des Krieges berichtet (zwölftes Kapitel), dann von

77 Ebd., S. 56.

einem hochlyrischen Text der mit nach Deutschland geflüchteten Großmutter (achtzehntes Kapitel) und zuletzt von einem Brief der immer noch in Višegrad lebenden Großmutter, der einem an Aleksandar adressierten Paket beigefügt ist (zwanzigstes Kapitel). Das einundzwanzigste Kapitel bildet das Buch im Buch. Es kann als solches eigenständig neben den drei Teilen des eigentlichen Buches gelesen werden. Das Buch „Als alles gut war von Aleksandar Krsmanović. Mit einem Vorwort von Oma Katarina und einem Aufsatz für Herrn Fazlagić“ (WG 157), das „meinem Opa Slavko“ (WG 159) gewidmet ist, gliedert sich nach einem Vorwort der Großmutter wiederum in sechszehn eigene Kapitel. Das Inhaltsverzeichnis umfasst zwei Seiten, und das letzte Kapitel trägt den Titel des ersten Kapitels des Basistextes *Wie der Soldat das Grammofon repariert*. Dort, wo dieses Kapitel laut Inhaltsverzeichnis des Buches im Buch beginnen sollen (vgl. WG 210), finden LeserInnen eine leere, nicht nummerierte Seite vor – eine Tabula rasa, eine Leerstelle. Galli bezeichnet das Buch im Buch als „Pseudo-Metadiegese analeptischer Art“[78]. Wenngleich diese Bezeichnung erzähltheoretisch nicht verbürgt ist, beschreibt sie treffend, welche Erzählsituation sich in diesem Buch vorfindet: Ein homodiegetisch-autodiegetischer Erzähler tritt auf, der innerhalb einer Erzählung zweiten Grades nicht nur als Erzähler, sondern zugleich als Autor operiert. Den Zweck dieser erzähltheoretischen Verschachtelung analysiert Galli als „Notwendigkeit einer Textualisierung des Gedächtnisses“[79]. Der Ich-Erzähler erprobt hier eine weitere Form der Manifestation von Erinnerung als Reaktion auf das Scheitern seiner vorangegangen Versuche: Die Erinnerung an die Unterhaltungen mit Großvater Slavko verblasst, Asja erreichen seine Briefe nicht und Aleksandar selbst wird in der Schule nicht verstanden, als er sich mit seinem Aufsatz über Essen nicht seiner neuen deutschen Heimat widmet, sondern die kulinarischen Besonderheiten der bosnischen Küche erinnert. Der Ich-Erzähler will sein kommunikatives Gedächtnis in ein kulturelles überführen.[80] Die kurzen

78 Galli: Wirklichkeit abbilden heißt vor ihr kapitulieren, S. 58.

79 Ebd.

80 Als kurze Einführung zum kulturellen Gedächtnis als Forschungsgegenstand in der Literaturwissenschaft bietet sich zum Beispiel folgender Beitrag an: Astrid Erll: Literatur und kulturelles Gedächtnis: Zur Begriffs- und Forschungsgeschichte, zum Leistungsvermögen und zur literaturwissenschaftlichen Relevanz eines neuen Paradigmas der Kulturwissenschaft. In: *Literaturwissenschaftliches Jahrbuch* 43 (2002), S. 249–276.

Kapitel des Peritextes (das kürzeste umfasst gerade einmal drei Sätze (vgl. WG 167)) funktionieren als ‚Reminder': Wesentliche Ereignisse der Kindheit werden rekapituliert. Das oben erwähnte Kapitel mit dem Titel „Parade" (WG 167) kann hier ob seiner Kürze zur Veranschaulichung dieser an Notizzettel erinnernden Funktion in Gänze zitiert werden: „Die Pioniermütze trage ich schief, ich bin ein wilder Pionier. Ich sitze vor der Roten Fahne, erschöpft und sehr zufrieden. Der Chor singt die Internationale." (WG 167) Galli erfasst die Kapitel der Metadiegese als „hoch evokative Prosastücke, die an einige auratische Episoden im kurzen Leben Aleksandars erinnern"[81].
Im letzten Teil des Romans erklärt der Ich-Erzähler, der sich bislang als „Chefgenosse[] des Unfertigen" (WG 24) verstanden hat: „[D]as Unfertige ist mein Chefgenosse" (WG 143). „Im Exil ist das Nichtvollendete nicht länger kindlich-kreative Strategie, die Aleksandar drohenden Verlusten entgegensetzt. Vielmehr wird das Unvollständige selbst zur Metapher des Verlorenen"[82], so Narlochs Deutung dieser verschobenen Wiederholung in der Selbstbeschreibung des Ich-Erzählers. Das Unfertige manifestiert sich auf narrativer Ebene in diesem letzten Teil des Textes in den vielen Brüchen der Erzählung. Mehrere Stimmen kommen zu Wort, ohne dabei ihre Erzählungen beenden zu können. Zugleich werden die Leitmotive des Textes rekapituliert. Zahlreiche Erzählungen können nur ein Ende finden, indem sie zu ihrem Anfang zurückkehren – so auch die gesamte Erzählung. So endet der Roman schließlich mit dem Besuch Aleksandars bei seiner noch in der alten Heimat lebenden Großmutter, mit der er zum Grab des Großvaters geht, der ihn zum Erzähler ernannt hatte. Großmutter und Enkel picknicken an Slavkos Grab. „Das Grab ist eine Festtafel" (WG 310) und das Fest, das hier gefeiert wird, ist eines des Erzählens und somit auch ein Fest des ‚Fest-Haltens' an familiären und kulturellen Traditionen. „Das ist das Herrliche bei uns in Višegrad, uns gehen die Geschichten niemals aus – kleine, große, komische, traurige, unsere Geschichten." (WG 30)

Inter-Exil: Die Verortung des Textes in einer Gemeinschaft (Bodrožić)
Dem bereits angesprochenen mobilen Lebensstil Nadeshdas haftet etwas Beunruhigendes an: Die wiederholte Selbstbeschreibung der Ich-Erzählerin als „Ahasver" (vgl. GL 111, 154) referiert auf die

81 Galli: Wirklichkeit abbilden heißt vor ihr kapitulieren, S. 59.
82 Narloch: Der „Chefgenosse des Unfertigen", S. 9.

Legende vom ‚Ewigen Juden', die in der Version *Kurtze Beschreibung und Erzehlung / von einem Juden mit Namen Ahaßverus* (1602)[83] populär geworden ist. Die Legende lässt sich „auf die Geschichte eines Mannes in Jerusalem [reduzieren], der den Heiland auf seinem Weg nach Golgatha nicht ruhen läßt und daraufhin von diesem zum Wandern bis an den Jüngsten Tag verdammt wird"[84]. Mit der Selbstbezeichnung der Erzählerin als „Ahasver" werden nicht nur zahlreiche literarische Adaptionen dieser Legende aufgerufen, erinnert wird damit auch der antisemitisch-nationalsozialistische Propagandafilm *Der Ewige Jude* (D 1940, R: Fritz Hippler).[85] Letzterer markiert, wie diese antisemtische Legende im Nationalsozialismus vollends in einen rassifizierten Vernichtungswunsch kippt. Das Ahasver-Motiv wird fortan in künstlerischen Produktionen als Personifikation des gesamten jüdischen Volkes verwendet – teilweise aber auch zur Selbstbezeichnung von Juden aufgerufen.[86] Nadeshdas Selbstverständnis als eine durch den Zerfall Jugoslawiens unwiderruflich aus der Heimat vertriebene und fortwährend überall auf der Welt lebende Person sowie ihr durch Ilja und dessen Herkunft entfachtes Interesse an jüdischer Geschichte und Literatur scheint die Erzählerin dazu zu veranlassen, das Ahasver-Motiv zur Selbstbezeichnung zu verwenden. Der Rückgriff auf diesen in anderen Kontexten geprägten und verwendeten Begriff unterstreicht die Unsicherheit Nadeshdas, selbst Begrifflichkeiten für ihre Existenz zu finden, die sie unweigerlich auch an die „verdammten Wurzeln" (GL 135) zu ihrem Vater gebunden sieht. Der Versuch, ebendiese Wurzeln zu überwinden, bzw. das Ausloten multipler Lebensentwürfe ist Nadeshda so auch Anlass für die Wahl ihres fiktiven Namens: „Ich heiße Nadeshda. Meinen Namen habe ich nicht von Nadeshda Mandelstam." (GL 19) Wenn auch nachdrücklich als beliebig und nicht-referenziell

83 Anonymus: Kurtze Beschreibung und Erzehlung / von einem Juden mit Namen Ahaßverus [1602]. In: Mona Körte / Robert Stockhammer (Hrsg.): *Ahasvers Spur. Dichtungen und Dokumente vom Ewigen Juden*. Leipzig: Reclam 1995, S. 9–14.

84 Mona Körte: *Die Uneinholbarkeit des Verfolgten. Der Ewige Jude in der literarischen Phantastik*. Frankfurt am Main / New York: Campus 2000, S. 29.

85 *Der Ewige Jude* wird als „der aggressivste Propagandafilm" rezipiert. Vgl. Bernward Dörner: Der Holocaust – die Endlösung der Judenfrage. In: Wolfgang Benz (Hrsg.): *Vorurteil und Genozid. Ideologische Prämissen des Völkermords*. Wien: Böhlau 2010, S. 97.

86 Zu Figurationen Ahasvers in der Literatur siehe neben Körte: *Die Uneinholbarkeit des Verfolgten*, auch Alfred Bodenheimer: *Wandernde Schatten. Ahasver, Moses und die Authentizität der jüdischen Moderne*. Göttingen: Wallstein 2002.

proklamiert, lenkt diese Wahl des Vornamens die Aufmerksamkeit der LeserInnen doch aber auf weitere, im Text aufgeführte intertextuelle und personelle Referenzen, die allesamt – wie auch die Biografie der Mandelstams – von Migration und Exil geprägt sind. Die Mandelstams haben in der Zeit nach der Oktoberrevolution im inneren Exil gelebt; Ossip Mandelstam wurde während der Säuberungen Stalins aufgrund ‚konterrevolutionärer' Tätigkeiten zu fünf Jahren Arbeitslager in Wladiwostok verurteilt, wo er 1938 starb. Über die Mandelstams hinaus konfrontiert *Das Gedächtnis der Libellen* seine LeserInnen auf 252 Seiten mit mehr als einem Dutzend Namen von Exilanten und Emigranten. Neben Verweisen auf Namen wie Milan Kundera, Vladimir Nabokov, Joseph Brodsky, Joseph Roth, Danilo Kiš, Marc Chagall, Sigmund Freud, Stefan Heym, Marina Zwetajewa und Dževad Karahasan finden sich auch zahlreiche Referenzen auf biblische Motive, die auf Erfahrungen von Exil verweisen bzw. die biblische Urszene der Vertreibung des Menschen wachrufen. Wenn es heißt: „Es gab nie den Garten Eden, es gab immer nur die Natur. Die Vertreibung aus dem Paradies ist die Verbannung ins eigene Leben" (GL 27), wird Nadeshdas Überlegung, das Leben an sich als Exil zu verstehen, Ausdruck verliehen. Der Text greift demnach unterschiedliche, zeitlich und räumlich vielschichtige Dimensionen von Exilphänomenen auf. Mit Blick auf derlei inter-exilische Referenzen erschließt sich erst die den Text auszeichnende Tiefensemantik. Ein Panoptikum transhistorischer Exilerfahrungen entsteht in dem Text, der damit zu einem Gedächtnisort wird. Als ein solcher Gedächtnisort erinnert der Text daran, dass Exil eine im 20. und einsetzenden 21. Jahrhundert von vielen Menschen geteilte Erfahrung ist. Bodrožić' Text kann als impliziter Verweis auf Hannah Arendts Essay „We Refugees" (1943) gelesen werden, der nachdrücklich darauf hinweist, dass der Flüchtlingsstatus und die ungeschützte Lebenssituation als Staatenloser im Zeitalter des Totalitarismus und der Massenvertreibungen kein spezifisch jüdisches Problem mehr ist.[87] Die vielschichtige Struktur des Textes unterfüttert meiner Meinung nach die von Doerte Bischoff und Susanne Komfort-Hein im gemeinsam herausgegebenen Band *Literatur und Exil* (2013) betonte Auffassung, dass sich der einzelne literarische Text

87 Vgl. Hannah Arendt: Wir Flüchtlinge. In: Marie Luise Knott (Hrsg.): *Zur Zeit. Politische Essays*, aus d. Amerik. v. Eike Geisel. Berlin: Rotbuch 1986, S. 7–21.

> mithin immer schon in einem kollektiven literarischen Resonanzraum der Sprache(n) und Geschichte(n) des Exils [bewegt...]. Jeder literarische Text des Exils öffnet sich so gesehen vorausgehenden wie zeitgenössischen Exilnarrationen, jede literarische Verhandlung einer singulären Erfahrung erzählt zugleich auch von mindestens einer anderen.[88]

Dass jede singuläre Erfahrung von Exil zugleich von mindestens einer weiteren erzählt, lässt sich bereits ohne Verweis auf die Intertexte des Romans belegen. Denn Nadeshdas Erzählung über die Erfahrung des Verlusts ihrer Heimat findet immer auch Abgleich mit dem Exil-Verständnis Iljas. Für den in den USA lebenden Ilja bedeutet Exil:

> Sich von dort aus Europas vorzustellen, die schönen, schlanken Menschen, die in irgendwelchen Brasserien oder Trattorias sitzen und Kaffee trinken, die dort Zeitung lesen und abends mit Freunden tanzen gehen, [...] eben das sei Exil, all das nicht zu haben und sich danach zu sehnen, zu wissen, wenn auch nur in Gedanken, dass man zu diesen Menschen einmal gehört hat und dass sie in der Rückschau noch schöner werden, der Kaffee noch besser schmeckt [...]. (GL 226–227)

Nadeshda hat sich bereits als von ihren Eltern verlassenes Kind als Exilierte verstanden. Der Rekurs auf Erfahrungen von anderen ExilantInnen ist als ein Versuch der Ich-Erzählerin zu lesen, über Vergangenes Erkenntnisse über die eigene Zeit zu gewinnen. Über die Beschreibungen des kriegerischen Zerfalls Jugoslawiens hinaus erinnert der Text wiederholend an Menschen, die andernorts und zu einer anderen Zeit heimatlos geworden sind – „wie kleine Vögel[, die] in der Heimatlosigkeit der Luft fliegen lernten" (GL 25). Diese Metaphorik von in der Luft lebenden heimatlosen Ex-JugoslawInnen liest sich als Parallele zur jüdischen Vertreibungsgeschichte, indem es die Metapher der „Luftmenschen" als Bebilderung der jüdischen Existenz in der Moderne aufruft.[89] Eindrücklich verweist der Text auf die als problematisch rezipierte heterogene ethnische Herkunft der mit den postjugoslawischen Kriegen heimatlos Gewordenen: „Es war alles verdächtig, was in der Kriegs- und Nachkriegszeit nach Mehrzahl und Vielvölkerstaat aussah." (GL 25) Die bezüglich der Figuren Ilja und Arjeta aufgerufenen Begriffe ‚Mischehe' oder ‚Mischling' fungieren als Warnung und Erinnerung auch an eine

88 Bischoff / Komfort-Hein: Einleitung: Literatur und Exil, S. 4–5.

89 Vgl. hierzu vor allem Nicolas Berg: *Luftmenschen. Zur Geschichte einer Metapher*. Göttingen: Vandenhoeck & Ruprecht 2008.

nationalsozialistische Rhetorik. Mit dem Zerfall Jugoslawiens zerfiel eine Vielheit, die Nadeshda Heimat war. Ihr Leben in den USA, in Paris und Berlin hat sie doch aber dazu angeregt, die meist als Gegensätze gedachten Begriffe ‚Heimat' und ‚Exil' in ein in sich verschränktes und dynamisches persönliches Konstrukt einzuarbeiten und eine eigene, subjektive und weitgefasste Definition von ‚Exil' vorzulegen:

> Exil ist heute nicht das Fortgehen an sich, im Exil ist jeder, der in seiner Stadt nicht auf der Straße gegrüßt wird. Unsere Städte sind voll von Namenlosen, wir sind einander verdächtig, wenn wir uns in U-Bahnen und am Flughafen anlächeln. (GL 251)

Nadeshda koppelt die Definition der Termini ‚Heimat' und ‚Exil' auch an ihre Liebe zu Ilja und unterfüttert ihre Erzählung dabei mit Zitaten von ExilantInnen, die nicht als solche markiert sind. „Ilja ist mein Moskau und mein Rom und mein kleiner David" (GL 9), so Nadeshda, die hiermit ein Zitat aus Ossip Mandelstams Briefen an seine Frau aufruft, das sich den LeserInnen als solches erst 160 Seiten später durch erneute, jetzt kursiv gesetzte Zitation erschließt. Mit dieser nun zweiten Zitation gesteht sich Nadeshda schließlich auch ihre Referenz bezüglich ihrer Namensgebung als von Nadeshda Mandelstam inspiriert ein. Die Bedeutung von Exilliteratur für Nadeshda – und auch für Ilja – zeigt sich nicht nur an diesem Zitat Mandelstams, sondern auch an der Thematisierung der Literatur Joseph Brodskys:

> Und dann sagte Ilja Sätze, die sich wie etwas aus dem Exil und mindestens wie etwas von Joseph Brodsky anhörten. Er wusste genau, was für eine Wirkung das auf mich hatte. *Soll Englisch meine Toten behausen. Auf Russisch will ich lesen, Gedichte oder Briefe schreiben. In englischer Sprache zu schreiben, ist wie Geschirr waschen – es hilft manchmal sehr.* Ich bin sehr anfällig für solche Sätze von Joseph Brodsky [...]. (GL 185)[90]

Nadeshda und auch Ilja identifizieren sich mit Zitaten aus Brodskys *Erinnerungen an Leningrad* (1987). Diese Sätze des Exilanten und die weiterer ExilantInnen repräsentieren für die Figuren ein Stück weit auch ihr eigenes Leben und vermitteln darüber hinaus ein Gefühl von Heimat. Die Verortung in eine Exilgemeinschaft wird neben inter-exilischen Versatzstücken durch Überlegungen zur

90 Vgl. Joseph Brodsky: *Erinnerungen an Leningrad*, aus d. Amerik. v. Sylvia List / Marianne Frisch. München: Hanser 1987, S. 8.

Sprache hergestellt. Sprache wird als gemeinsames Ausdrucksmedium und eigentliche Heimat von Exilanten postuliert (vgl. GL 80). Dass existenzielle Einschnitte wie Exil und Migration über die Praxis des Schreibens und die Reflexion von Sprachen verhandelt werden, ist ein viel diskutiertes Thema in der Exilliteratur (zum Beispiel bei Lion Feuchtwanger, Werner Lansburgh, Jean Améry, Klaus Mann, Hilde Domin oder auch Schalom Ben-Chorin).[91] Mittels der Sprachreflexionen der Ich-Erzählerin wird nicht nur deren bereits erläuterter Berufswechsel von der Physik zur Schriftstellerei begründet, sondern es wird dargelegt, weshalb Ilja neben seiner wissenschaftlichen Laufbahn Romane publiziert. Nadeshda hält diesbezüglich fest: „Immer wieder ist ein jüdisches Schicksal in seinen Geschichten untergebracht. Es ist eine Macke, die er hat und die er konsequent in den letzten sieben Büchern untergebracht hat." (GL 187) Eine Macke, die mit ihrer Vernetzung transhistorischer und transkultureller Erfahrungen von Exil eine subtile Poetologie über das Exil selbst generiert – ganz so wie Bodrožić' Roman insgesamt.

3. Figurenpersonal: Transkulturelle und transnationale Selbstverständnisse

Wie wird in den drei vorliegenden Gegenwartstexten das jeweilige Selbstverständnis der Ich-ErzählerInnen als transkulturelles und transnationales literarisch in Szene gesetzt? Alle drei Erzähler lehnen ein eindimensionales Verständnis von Identität und Nationalität ab und stellen einem solchen kulturelle und nationale Mehrfachloyalitäten gegenüber. Homogene Identitätsdiskurse werden gleich Rhetoriken des Nationalen aufgebrochen. Die den Figuren inhärenten transkulturellen und transnationalen Selbstentwürfe stellen vermeintlich notwendige geografische Verortungen bzw. territorial fixierte ‚Verwurzelungen' von Identität infrage. Die Identitäten der Figuren lesen sich von ihren Brüchen her. Selbst Zehs Text *Die Stille ist ein Geräusch*, der eine Reise und *keine* Erzählung von Migration oder Exil zum Thema hat, verweist auf die Brüche in der Selbstwahrnehmung der Ich-Erzählerin, die durch das Sich-Aussetzen in der Fremde entstehen. Diese sind aber nicht negativ konnotiert, sondern vielmehr als Indiz dafür zu betrachten, dass die Protagonistin

91 Vgl. Doerte Bischoff / Christoph Gabriel / Esther Kilchmann: Sprache(n) im Exil. Einleitung. In: *Exilforschung* 32 (2014): Sprache(n) im Exil, S. 9–25, hier S. 9.

nicht nur nationale Grenzen mit der Reise genommen, sondern auch mentale Grenzziehungen zwischen sich und dem kulturell/national Anderen aufgegeben hat. Das Leben und Erzählen jeder der drei Ich-Erzählfiguren ist ein Prozess des permanenten Aushandelns von Identität. Identität ist dabei niemals etwas Abgeschlossenes, sondern etwas notwendig Offenes und Prozessorientiertes, das immer wieder auch der Zerstreuung bedarf, um sich neu zusammenzusetzen. Mit diesen Identitätsentwürfen geht aber keine Abkehr von kulturellen Traditionen einher, vielmehr gewinnen sie gerade in neuen kulturellen Umfeldern für die Ich-ErzählerInnen wieder an Bedeutung.

Kulturkontakt revisited: „Mein erster richtiger Bosnier" (Zeh)

> Wer die Hölle überleben will, muss ihre Temperatur annehmen. Das versuche ich gerade, als ein Ehepaar mich anspricht. Ich erkläre auf Polnisch, dass der Hund nicht von Natur aus nackt ist [...]. Sie verstehen, nicken und lächeln mir jedenfalls zu. Kontaktaufnahme mit den Eingeborenen gelungen, auch wenn es erst mal Kroaten sind. (DS 13)

Bereits die intertextuelle Referenz Zehs auf *Herz der Finsternis* zeigt, dass die Autorin für ihren literarischen Reisebericht einige Recherchen unternommen hat. Im Hinblick auf Zehs themen- und genrereiches literarisches Schaffen muss von einer Vertrautheit Zehs mit Formen, Tropen- und Topoiinventaren von Abenteuer- und Reiseerzählungen ausgegangen werden. Die obig abgebildete Ankunftsszene in Zagreb ist dieser Vermutung folgend als Moment des Erstkontakts mit der anderen Kultur und als Persiflage der sogenannten „First-Contact-Szene" zu deuten, deren hohe dramatische Brisanz für literarische Inszenierungen spätestens Klaus Scherpe mit seinem gleichnamigen Beitrag von 2000 herausgestellt hat. Ihm zufolge ist die erste Begegnung mit dem Anderen immer eine von Unsicherheit geprägte, denn möglicherweise verstößt der Reisende – als Fremder in der Fremde – gegen Deutungsmuster, die den Individuen einer Gemeinschaft durch ihre gemeinsame Sozialisation eigen sind.[92] Die Ich-Erzählerin stellt ein Verfehlen ebendieser Szene auf ironische Weise aus, wenn sie darauf verweist, dass sie eigentlich den

92 Vgl. Klaus Scherpe: Die First-Contact-Scene. Kulturelle Praktiken der Begegnung mit dem Fremden. In: Gerhard Neumann / Sigrid Weigel (Hrsg.): *Lesbarkeit der Kultur. Literaturwissenschaft zwischen Kulturtechnik und Ethnographie*. München: Fink 2000, S. 149–167.

Kontakt zu Bosniern anstrebt und nicht zu Kroaten. Zu Beginn ist der Umgang der Ich-Erzählerin mit der Fremde selbstbewusst und unbesorgt, wenn sie sich den an sie vor der Reise herangetragenen Warnungen widersetzt (vgl. DS 14). Solche Warnungen vor Land und Bevölkerung werden ihr während des Aufenthaltes in Bosnien abermals von der einheimischen Bevölkerung an die Hand gegeben. Die Erzählfigur und auch die LeserInnen werden von Anbeginn der Reise bzw. der Lektüre damit konfrontiert, dass der Begriff ‚Balkan' nicht nur einer Fremdbezeichnung dient, sondern auch als Eigenbezeichnung Verwendung findet. Zeh greift damit einen zentralen Aspekt der Balkanismus-Theorie von Todorova auf. Dass Fremdstilisierungen von den in der Balkanregion Lebenden internalisiert wurden, belegt Todorova auch durch Verweise auf literarische Balkan-Verhandlungen.[93] Zeh stellt folglich die Wirkmächtigkeit von Fremdbezeichnungen heraus, wenn sie aufzeigt, inwieweit sich die damit verbundenen Balkan-Stereotype diskursiv auch auf dem Balkan selbst verbreitet haben. Das Entsetzen der Ich-Erzählerin über diese Eigenstilisierungen sowie ihr ironischer Kommentar, wenn sie selbst Balkan-Stereotypen anheimfällt, unterstreichen die literarische Strategie der Autorin bei der Darstellung des reziproken Zusammenspiels von Eigen- und Fremdstilisierungen. Zeh hält ihrer Figur ebenso wie ihrem Lesepublikum den Spiegel vor. Darüber hinaus wird einer bosnischen Gesellschaft der Spiegel vorgehalten, womit Zeh zwar keine Auflösung der zirkulären Wirkmächtigkeit der Vorurteile gelingt, aber zumindest eine eindrückliche literarische Reflexion auf wirkungsästhetischer Ebene. Ironie erweist sich dabei als zentrale Erzählstrategie. Die erste Begegnung der Ich-Erzählerin mit Dario im Bus nach Sarajewo sollte so auch im Hinblick auf eine solche ironische Perspektivierung gelesen werden: „Ich starre Dario an wie einen Außerirdischen. Mein erster Bosnier, mein erster richtiger Bosnier. Er sieht gut aus." (DS 22) Ein authentisches Interesse der Ich-Erzählerin an der Fremde manifestiert sich sowohl in den Fragen der Erzählerin an ihre jeweiligen Gegenüber als auch im Ausstellen der eigenen, ihr unangenehmen Unkenntnis des Balkans: „Von Jajce habe ich noch nie gehört. Nicht weiter schlimm, war bloß die Hauptstadt von Bosnien bis zur Eroberung durch das Osmanische Reich." (DS 22) Das über die Ich-Erzählerin inszenierte

93 Vgl. Todorova: *Die Erfindung des Balkans*, S. 64.

Nicht-Wissen der westeuropäischen Bevölkerung über den südosteuropäischen Raum ist dem Wissen der Bosnier über die ‚westliche' Kultur und ihrer Kenntnis der deutschen Sprache gegenübergestellt. Abgesehen von den Schriftstellern im Café, die einen Thomas Mann im Original lesen, berichtet die Ich-Erzählerin auch über den Bosnier Mile, der ihrer Meinung nach „besser Deutsch" (DS 13) spricht als sie selbst. Und auch Dario aus Jajce und Thomas aus Sarajewo sprechen die Muttersprache der Erzählerin.

Neben den vielen Fragen an ihr jeweiliges Gegenüber – „[e]twa hundert Fragen" (DS 24) will sie Dario stellen – beschreibt die Ich-Erzählerin auch ihren ersten Kontakt mit der bosnischen Natur. Wenn sie ihren Fuß auf bosnische Erde setzt, persifliert die Erzählerin die First-Contact-Szene, indem sie aufzeigt, inwiefern diese mit überhöhten Erwartungen einhergeht: „*Meine Füße, tastend beim ersten Kontakt mit dem bosnischen Boden:* Alles klar. Trägt." (DS 26) Wo sie – wie mit Dario – ihren durchaus positiven Eindruck Bosniens teilt, leiten die unterschiedlichen Wahrnehmungen kleinere Streitigkeiten ein. Dario reagiert gereizt, wenn die Erzählerin sich wohlwollend über Bosnien äußert, fragt, ob sie ihn „verarsche" (DS 32). Dario, der von Berlin mit seinen Eltern nach Bosnien remigriert ist, ernährt in der durch die postjugoslawischen Kriege zerstörten Heimatstadt seine Familie und hat für dieses Leben auf ein sorgenfreieres in Berlin verzichtet. Darios Lebensgeschichte möchte die Ich-Erzählerin sogleich mit einem „Du könntest doch" (DS 33) begegnen, verbietet sich dies doch aber aufgrund der Auffassung, dass es anmaßend sei, immer alles infrage zu stellen bzw. „für alles eine Lösung finden zu wollen" (DS 33). Auf der Handlungsebene realisiert sich somit auch das poetologische Verfahren von Zeh, nicht alles Wahrgenommene einer westeuropäischen Deutungshoheit zu unterwerfen. Mittels dieser Offenheit generiert sie sogar Verständnis für die Politik des Landes und fragt, „warum so etwas wie Logik in Balkanangelegenheiten von Deutschland aus nie zu erkennen ist" (DS 80). Abermals zeigt sich hier die durchgängige Kritik an der deutschen Berichterstattung über die Ereignisse auf dem Balkan in den 1990er Jahren. Bezüglich der in Deutschland als heikel erörterten ethnischen Unterschiede der balkanischen Bevölkerung fragt sich die Erzählerin, ob dieses „‚Who is who' des Balkans" (DS 46) für sie eine Rolle spielt. Denn: wenn ja, „müsste [man] eine ethnographische Karte zücken, wenn man jemanden kennenlernt, und es würde vermutlich nicht helfen" (DS 46).

Nachdrücklich wird darauf verwiesen, dass es die Medien sind, die ein Vorhandensein von ethnischen Differenzen im Balkan und zwischen Ost- und Westeuropa postulieren. Um darauf aufmerksam zu machen, dass die Erzählerin die von den Medien behaupteten und als prekär apostrophierten ethnischen Differenzen so nicht wahrnimmt und ihr Bosnien generell nicht als die erwartete Fremde erscheint, schreibt sie eine Postkarte, als deren Adressat wohl eine deutsche Berichterstattung über den Balkan zu gelten hat. „‚Bin in Mostar. Hier ist es auch nicht anders als anderswo.'" (DS 52) Einem Vergleich Bosniens mit Deutschland oder einem anderen westeuropäischen Land verweigert sich die Erzählerin: „Bosnien [...] ist ein Land wie jedes andere, weil nichts auf der Welt sich mit etwas anderem vergleichen lässt. So etwas wie Bosnien gibt es nirgendwo sonst, aber auch Frankreich gibt es nicht. Nicht einmal in Frankreich." (DS 125) Ob des Interesses der Ich-Erzählerin am Balkan im Allgemeinen und an Bosnien im Speziellen kann ich mich nicht Finzis Ansicht anschließen, dass „Zehs Reisende nicht allzu viel über ihr Reiseland wissen will"[94]; im Gegenteil: Sie will alles wissen, verzweifelt aber an der Einstufung ihrer Fragen als typisch deutsche. Sie ist interessiert, will aber zugleich keine journalistisch oder touristisch anmutenden Fragen stellen. Denn die Ich-Erzählerin empfindet es selbst als unangenehm, permanent als Deutsche entlarvt zu werden: „Aus-Deutschland-wieschön" (DS 83) oder: „Wenn jemand mit Hund ein Restaurant betreten will, sagt Dario, weiß man sofort: Das ist ein Deutscher. Oder wenn jemand davon ausgeht, es habe sich auf dem Balkan um einen Krieg aus Völkerhass gehandelt." (DS 31–32). Das Genervtsein der Erzählerin bezüglich ihrer häufigen Anrufung als Deutsche scheint dazu zu dienen, LeserInnen auf ihre eigenen pauschalen (Vor-)Urteile gegenüber dem Balkan hinzuweisen. Finzis weitere Ausführungen betreffend, dass sich „die Reisende dem visuellen *overkill* aus[setzt], ohne die einzelnen Puzzleteile bzw. Momentaufnahmen in ein Bild fügen zu können"[95], stimme ich zwar hinsichtlich des Aspekts der Überforderung zu, ebendiese Überforderung wird meiner Lektüre nach aber inszeniert, um zu belegen, dass es auch gar nicht darum geht, alle Wahrnehmungen, Empfindungen und Ereignisse in einen kohärenten Sinnzusammenhang zu setzen. Die Aussageabsicht des

94 Finzi: *Unterwegs zum Anderen?*, S. 196.

95 Ebd., S. 198.

Textes begründet sich gerade in einer Absage an hermeneutische Modelle. Eine dem Anderen und der Fremde gegenüber offene Haltung jenseits stigmatisierender Anrufungen zeigt sich insbesondere in den Dialogen der Ich-Erzählerin mit Personen, die nicht wie Dario oder Thomas Deutsch sprechen können.

> Schnell beschließe ich die Entstehung einer neuen Sprache: Das Endepol. Es besteht aus zehn englischen, hundert deutschen und einer Menge polnischer Wörter und kommt fast ohne Grammatik aus. Es gibt nur eine Zeit, die Gegenwart, und keine Personen. (DS 19)

„Endepol" ist als ein transnationaler und transkultureller Versuch zu deuten, Kommunikation über vermeintliche Sprachgrenzen hinweg zu ermöglichen. Ein Misslingen der Verständigung wird hier nicht auf die Sprachfähigkeiten der Kommunizierenden zurückgeführt, sondern vielmehr als ein Versagen der Sprache „Endepol" inszeniert: „Endepol versagt, weil die Komponenten ‚En' und ‚De' ihre Wirkung verfehlen." (DS 39), so die Ich-Erzählerin. Das Misslingen der Sprache steht jedoch nicht im Vordergrund ihrer Reflexion, sondern vielmehr die Chance auf ihr Gelingen und der Verweis darauf, dass es zur Verständigung eigentlich gar keiner Sprache, sondern der Aufmerksamkeit des Anderen bedarf:

> Wie es sich in einer Unterhaltung gehört, sprechen wir abwechselnd. Ohne dass ich ein Wort seiner Fragen verstehe, gelingen meine ersten drei Antworten mit Bravour. [...] Von da an errate ich pro Satz ein Wort. [...] Wir freuen uns, nicken und lächeln wie Bekloppte. (DS 40)

Sprache wird außerdem hinsichtlich ihres Potenzials beleuchtet, Ängste zu überwinden. Bei Ankunft in Sarajewo flüstert sich die Erzählerin den Namen der Stadt immer wieder vor, damit er „noch den Rest seiner Bedeutung [verliert]" (DS 61), die er durch die Kriegsberichterstattung erlangte. Dieses Flüstern der Ich-Erzählerin stellt einen magisch inszenierten Versuch dar, die Stadt Sarajewo aus dem medialen Nexus von Krieg und Gewalt zu befreien und ein ‚wirkliches' Kennenlernen der Stadt zu ermöglichen. Sarajewo wird sodann als „Setzkasten europäischer Erinnerungsstücke" (DS 67) betrachtet. Die Vielfalt der Stadt wird in den Blick genommen:

> [J]ede Epoche, jede Kultur hat ein Haus hingestellt, von Rom über christliches Mittelalter, jüdische Diaspora und türkische Besetzung. Österreich-Ungarn, Faschismus, Kommunismus, Kapitalismus und American Dream, Bürgerkrieg und europäische Integration. (DS 67)

Durch diese Beschreibung der Stadt in ihrer Vielfalt generiert die Erzählerin ein Bewusstsein für das Miteinander der Menschen in dieser Stadt und die unauflösbare Vermischung von kulturellen, religiösen und nationalen Aspekten:

> Die Gegensätze, Moslems und Christen, Kathedrale und Synagoge, Westen und Osten, Verwahrlosung und Eleganz stehen sich auf zwei Seiten einer Gleichung gegenüber, kürzen sich weg, und unter dem Strich bleibt: Null. (DS 67)

Der Erzählerin gelingt es, Begriffe in ihrer Funktion als Platzhalter pejorativer Heterostereotype zu enttarnen. Aufgrund ihrer Wahrnehmung der Stadt kann die Erzählerin in ihren wiederholten Diskussionen mit der britischen Journalistin auch selbstsicher sagen, dass sie „nicht das Gefühl [hat], ein Pulverfass zu bereisen" (DS 92). Die Erzählerin unterscheidet strikt zwischen dem, was sie wahrnimmt, und dem, was ihr vermittelt wird. So spricht sie von zwei Sarajewos: dem medial vermittelten und dem selbst erfahrenen. Einem stereotypen Balkan-Bildern entsprechenden Sarajewo begegnet sie nicht bei Tag, sondern in der Nacht, wenn sie „in einem kleinen, zu gut ausgestatteten Zimmer lieg[t ...], wo [sie] in einem Buch über vergewaltigte Kinder, abgeschnittene Geschlechtsteile, Massenerschießungen und die Minuten davor, über brennende Häuser und den Geruch in den Lagern [liest]." (DS 94) Davon losgelöst spricht sich die Erzählerin dafür aus, den kulturellen Faktor Balkan im deutschsprachigen Raum stärker wahrzunehmen.

> *Das waren keine Österreicher, sondern Bosnier.* Die ganze Zeit dachte ich, dass in den Autos mit fremden Kennzeichen Touristen sitzen, die [...] auf kürzestem Weg an die kroatische Adria wollen [...]. Aber es sind Besucher des eigenen Heimatlandes. [...] Verwundert stelle ich fest, dass ich Bosnier kenne in Wien, einen Kellner, einen Wirtschaftsstudenten, einen Dealer und eine Malerin. Ob sie Flüchtlinge sind, habe ich gefragt. Ich ging davon aus, sie seien aus dem Boden geschossen wie Pilze, an der Stelle, wo ich sie zum ersten Mal traf. Möglicherweise haben sie hier in der Nähe als Kinder gespielt. (DS 132)

Vorgetäuschtes Interesse am Balkan lehnt die Erzählerin ab. Dementsprechend stellt sie auch das ‚Mitgefühl' der britischen Journalistin für bosnische Kinder als anmaßend heraus. „In Tuzla erzählt sie [die Journalistin], gebe es Kinder, die noch nie eine Portion Pommes frites gesehen haben" (DS 142). Derlei Äußerungen, die auf Sinnbilder für anzustrebenden Wohlstand nach westlichem Maß und für ein friedlicheres Leben zielen, werden der Ich-Erzählerin zur

Provokation. Im ironischen Tonfall konstatiert diese: „Hach, denke ich, so viel Elend auf der Welt." (DS 142) Zeh kritisiert und demaskiert das Oktroyieren westlicher Lebensmodelle und -standards auf den Balkan. Dieser symbolisiert in der Wahrnehmung der britischen Journalistin Mangel, wohingegen die Ich-Erzählerin erlebte Fülle, Reichtum und Vielfalt betont. Auf Marginalisierungen des Balkans seitens Westeuropas verweist neben der Ich-Erzählerin auch eine weitere aus Deutschland stammende Figur. Die bei der UNO arbeitende Caroline konstatiert: „‚Ich arbeite mitten in Europa. Zwanzig Kilometer vom Strand, und niemand kommt mich besuchen.'" (DS 203) Sie gesteht sich jedoch ein, dass sie vor ihrem Aufenthalt auf dem Balkan selbst vermutlich diesen Ort nicht als potenzielles Reiseziel betrachtet hätte. Den Balkan kannte sie vom „Hörensagen, ohne Vorstellung von der Himmelsrichtung" (DS 206). Ein besonderes Anliegen ist mir der Verweis darauf, dass Zeh bezüglich der ethnischen Diversität auf dem Balkan herausstellt, dass es immer nur eine Frage der Perspektive ist, ob Identität heterogen oder homogen gedacht wird. Die Erzählerin berichtet, dass sie am Rhein geboren ist, in Sachsen lebt, ihre Eltern Schwaben sind, aber ihre Mutter in Bonn wohnt und ihr Vater in Berlin, während ihr Bruder in München arbeitet und bald nach London zieht (vgl. DS 212). So wie es folglich unmöglich ist, die Herkunft der Erzählerin auf eine homogene zu fixieren, gilt Gleiches für die Herkunft der Bosnier.
Zudem insistiert die Ich-Erzählerin darauf, dass es für den Balkan an sich die Frage, „ob er sich gerade im Osmanischen Reich, in Österreich-Ungarn, dem kommunistischen Jugoslawien oder auf dem bosnischen Kriegsgebiet befindet" (DS 136), nicht die zentrale ist: Vielmehr benennt die Erzählerin den Tourismus und den Journalismus auf und über das Balkan-Gebiet als eigentliche Gefahren für diese Region. Beide Faktoren zerstören ihr zufolge die eigentümliche Kultur des Balkans. Bereits jetzt, so die Ansicht der Erzählerin, erhebe sich in Sarajewo „eine Innenstadt, etwas wie Warschau oder Belgrad, und das einzige, was ich nicht sehe, ist McDonald's" (DS 59). *Noch nicht*, wäre hier wohl die passende Ergänzung des Zitats. So zeigt sich, dass die Ich-Erzählerin trotz oder auch gerade ob ihrer transkulturellen und transnationalen Perspektiven den Blick für die ‚Schattenseiten' der Globalisierung nicht verliert. Gleichwohl fällt sie mit ihrer Rede von den Gefahren für die eigentümliche Kultur des Balkans auch einem essentialisierenden Kulturverständnis anheim.

„Ich bin Jugoslawe – ich zerfalle also": Entgrenzung des Nationalen (Stanišić)

Die Erfahrungen von Vertreibung und Exil schlagen sich nicht nur in einem gebrochenen Erzählen aller drei Gegenwartstexte nieder, sondern werden zudem über das Selbstverständnis der Erzählfiguren ausgestellt. Der Protagonist und Ich-Erzähler Aleksandar widersetzt sich in *Wie der Soldat das Grammofon repariert* homogenen nationalen Zuschreibungen und stellt diesen – wie schon im Einführungskapitel erwähnt – Mehrfachloyalitäten gegenüber: „Ich freue mich für fünf Nationalmannschaften" (WG 154). Diese Entscheidung zu Mehrfachloyalitäten gründet nicht nur in der Erfahrung der Flucht aus einem Land, in dem einem von heute auf morgen der Freund zum Feind gemacht wurde, sondern auch auf ein bereits in der Kindheit der Erzählfigur angelegtes Interesse an Menschen anderer Regionen und deren Geschichten. Erste Erfahrungen von Ausgrenzung erlebt Aleksandar bereits in der Schule in Višegrad. „[W]as bist du eigentlich?" (WG 52), fragt sein Klassenkamerad Vukoje Wurm. Aleksandars innere Reaktion zeigt, dass die Frage nach seiner Identität bislang keinerlei Bedeutung in seinem Leben eingenommen hatte. Nun empfindet er sie als „Drohung" (WG 53): „Die Frage klang nach Ärger, und ich kannte die richtige Antwort nicht." (WG 52) Zuhause stellt er die Frage seiner Mutter, deren Antwort er als „Witz" (WG 53) empfindet, was psychoanalytisch auch als Überzeichnung der eigentlichen Empfindung von Scham gedeutet werden kann. Wo Aleksandar später, in Deutschland lebend, nationale und kulturelle Mehrfachloyalitäten als Charakteristikum seiner selbst ausstellt bzw. mitunter auch als Spiel inszeniert, wenn er beispielsweise den „Nazis weismachen [kann], dass [er] aus Bayern [stammt]" (WG 154), ist ihm hingegen im Grundschulalter das eindeutige Beantworten der Frage ein dringendes Bedürfnis. Eindrücklich stellt der folgende Textauszug die Verzweiflung Aleksandars über seine nicht eindeutige Identität aus:

> Es gab den Schulhof, der sich wunderte, wie ich so etwas Ungenaues sein konnte, es gab Diskussionen, wessen Blut im Körper stärker ist, das männliche oder das weibliche, es gab mich, der gerne etwas Eindeutigeres gewesen wäre oder etwas Erfundenes, das Vukoje Wurm nicht kannte, oder etwas, das er nicht auslachen konnte [...]. (WG 53)

Das Sprechen über ‚Mischverhältnisse' von Blut und die Anrufung Aleksandars als „Bastard" bezeugt die Präsenz einer Blut-und-Boden-Ideologie schon unter den Schulkindern – und führt den LeserInnen die absurde Wirkmächtigkeit rassistischer Ideologien vor. „Ein Junge aus der Straße nannte mich einen Bastard. Meine Mutter habe mein serbisches Blut vergiftet. Ich wusste nicht, ob ich ihn dafür zusammenschlagen sollte oder trotzig und stolz sein. Ich war trotzig und wurde zusammengeschlagen" (WG 133), so Aleksandar, der erstmalig erfährt, dass Identität nicht nur an seine eigene Existenz geknüpft ist, sondern ebenso an die der Eltern und deren nationale und kulturelle Herkunft. Seine ‚Bindestrichidentität' zwischen dem bosnischem Vater einerseits und der serbischen Mutter andererseits wird von dem Ich-Erzähler selbst zunächst als etwas aus zwei Teilen Bestehendes wahrgenommen. Spätestens in Deutschland aber tritt Aleksandar für ein Verständnis seiner selbst ein, das diesen Bindestrich wortwörtlich als bindend versteht – ihn nicht als Trennstrich betrachtet, sondern als eine Art Konjunktor, der seine Identität zusammenhält. An dieses Identitätskonstrukt lassen sich, so seine Erkenntnis, auch weitere identitäre Prägungen binden, wie er sie beispielsweise in Deutschland erfährt. Identität ist nichts und niemals etwas Abgeschlossenes: Aleksandars Selbstverständnis lässt sich nicht entlang von einem hermetischen Nationalverständnis fassen. Wenn Aleksandar bezüglich der Frage seiner MitschülerInnen nach seiner Identität konstatiert: „Ich bin Jugoslawe – ich zerfalle also" (WG 53), ist dies als Rückspiel der Frage nach Identität an seine KlassenkameradInnen selbst zu lesen.[96] Denn alle Schüler – ganz gleich ob bosnischer, serbischer oder kroatischer Herkunft – leben in einem Land, das gerade im Begriff ist zu zerfallen. Hier wiederholt sich die Antizipation des Verlusts der Heimat, wie er schon zu Beginn des Romans mit dem Tod des Großvaters Slavko, dem Repräsentanten der Tito-Ära, angedeutet wird.

96 Zum Forschungsparadigma von Transnationalität in der Literaturwissenschaft siehe Doerte Bischoff: Transnationalität als Paradigma der germanistischen Literaturwissenschaft. In: Emilia Dentschewa / Maja Razbojnikova-Frateva / Emilia Baschewa / Reneta Kileva-Stamenova / Radka Ivanova / Svetlana Arnaudova (Hrsg.): *Traditionen. Herausforderungen und Perspektiven in der germanistischen Lehre und Forschung. 90 Jahre Germanistik an der St.-Kliment-Ochridski-Universität Sofia. Akten der Jubiläumskonferenz der Fachrichtung Deutsche Philologie 11.–12. Oktober 2013.* Sofia: Universitätsverlag „St. Kliment Ochridski" 2015, S. 39–57.

Wenn Aleksandar, der einstige „Chefgenosse des Unfertigen“, der „gegen das Enden, gegen das Kaputtwerden“ (WG 23) mit dem Erzählen von Geschichten anzukämpfen versucht und sich als „Künstler des guten Unvollendeten“ (WG 24) versteht, im deutschen Exil feststellt, dass nicht mehr er der Chefgenosse, sondern das Unfertige sein Chefgenosse geworden ist, wird auf die mit dem Verlust der Heimat und dem gewaltsamen Ausbrechen der Kriege entstandene Traumatisierung Aleksandars verwiesen. Er verliert seinen Glauben an die Beherrschbarkeit des Lebens. Das Unvollständige wird somit zur Metapher des Lebens überhaupt. Denn die kriegerischen Eskalationen von Gewalt in seiner Heimat schärfen auch Aleksandars Bewusstsein für eine potenziell immerwährende Bedrohung des eigenen Lebens durch politisch motivierte nationale Grenzziehungen und damit einhergehende Gewalt. Deshalb verweigert sich Aleksandar von vornherein selbst jedweder Form mentaler Grenzziehungen. Den Erfahrungen des Heimatverlusts und einer permanent möglichen Auflösung seiner Welt setzt er eine manisch anmutende Leidenschaft des Sammelns und Protokollierens entgegen. Die angefertigten Listen kartografieren schließlich aber die psychischen Verwüstungen Aleksandars. Galli spricht diesbezüglich treffend von „Protokoll[en] der Vergeblichkeit“[97]. Allein der wiederholte Verweis Aleksandars auf die Listen belegt meines Erachtens sein Verlust-Trauma. Der Satz, „Ich habe Listen gemacht“, wird im Text des vorletzten und gleichnamigen Kapitels des Romans gleich zwölf Mal wiederholt. Eine der Wiederholungen variiert und legt die Absurdität der Erstellung von Listen dar: „Ich habe Listen gemacht, aber das ist nicht der Punkt.“ (WG 282) Zudem wiederholt sich im selben Kapitel der Satz, „Dann brach der Krieg aus“, gleich vier Mal. Das Kapitel liest sich in dieser Struktur (ebenso wie das letzte des Romans) selbst als Liste. 99 Bilder des Unfertigen werden im letzten Romankapitel mit ihrer Bildunterschrift benannt. Alle Bilder bzw. ihre Unterschriften bezeugen Aleksandars (vergeblichen) Versuch, Geschichte zu konservieren. So bleibt der Verlust der Heimat das zentrale Thema Aleksandars, wenngleich ihm seine offene Haltung fremden Ländern und Sprachen gegenüber zugleich auch andere Orte und Formen der Beheimatung im Sinne von Gemeinschaftsgefühlen ermöglicht. Diesbezüglich verweist der Ich-Erzähler jedoch

97 Galli: Wirklichkeit abbilden heißt vor ihr kapitulieren, S. 62.

auch darauf, dass diese Gemeinschaften ihn mit Vorurteilen den Balkan und speziell Jugoslawien betreffend konfrontieren. Auch in Deutschland bleibt er stets der Andere:

> Wenn man mich fragt, woher ich komme, sage ich, das sei eine schwierige Frage, weil ich aus einem Land komme, das es dort, wo ich gelebt habe, nicht mehr gibt. Hier nennt man uns Jugos, auch die Albaner und die Bulgaren nennt man Jugos, das ist einfacher für alle. (WG 139)

Aufgrund seiner Erfahrungen von sozialer Ausgrenzung versucht bereits der junge Aleksandar, sich den „Beschränkungen und Ausschlussmechanismen eines territorial begründeten Nationalismus“[98] zu widersetzen. Dass ihm das Exil mit der Sozialisation in einer deutschen Schule auch die Möglichkeit bietet, unterschiedliche kulturelle Lebensformen kennenzulernen und als potenziell eigene zu reflektieren, wird mit Aleksandars Entschluss thematisiert, in Deutschland zu bleiben, während seine Eltern weiter in die USA emigrieren. So sind es nicht nur Personen, mit denen Aleksandar ein Gefühl von Beheimatung verbindet; letztlich wird dem immer schon am Erzählen von Geschichten interessierten Jungen das Schreiben und Erzählen „zum identitäts- und gemeinschaftsstiftenden Medium“[99]. Ebendieses Medium kann mit Heinrich Heine als eine Art „portatives Vaterland“[100] des Ich-Erzählers gedeutet werden, so der Vorschlag von Narloch.[101] Da dieser Begriff aber wiederum ebenfalls territoriale und genealogische Assoziationen wachruft, möchte ich hier im Rekurs auf Ottmar Ette dessen Begriff des „ZwischenWeltenSchreibens“ als Heimat-Begriff dynamisieren. Denn: Aleksandars Schreiben, die Niederschrift seiner Erfahrungen und ihre Ausschmückung, bedeuten für ihn Heimat. Erst die Fiktion ermöglicht es ihm, die zerstörte Welt seiner Kindheit als Raum und als Heimat zu reaktivieren.

98 Narloch: Der „Chefgenosse des Unfertigen“, S. 9.

99 Ebd.

100 Heinrich Heine: Geständnisse. Geschrieben im Winter 1854. In: Ders.: *Historisch-kritische Gesamtausgabe der Werke*, Bd. 15: Geständnisse, Memoiren und kleinere autobiographische Schriften, hrsg. v. Manfred Windfuhr. Hamburg: Hoffmann & Campe 1982, S. 9–57, hier S. 43.

101 Vgl. Narloch: Der „Chefgenosse des Unfertigen“, S. 9.

Identität und Differenz: Hybride Lebensentwürfe (Bodrožić & Stanišić)

Eng mit dem Forschungsparadigma Transkulturalität und den Diskussionen um Identität verbunden ist der Begriff ‚Hybridität' als ein Schlüsselbegriff aus kultur- und sozialwissenschaftlichen Theoriediskursen. Wo mit dem Begriff „ursprünglich Austauschformen im transkulturellen Dialog beschrieben [wurden …,] ist er inzwischen viel breiter auf die Strukturanalyse der bürgerlichen Gesellschaft wie überhaupt der Moderne ausgelegt"[102]. Der vor allem auch im postkolonialen Theoriekontext „popularisierte Begriff umschreibt einen Analyseansatz, der im Prozess der Entkolonisierung von Intellektuellen der Peripherien formuliert worden ist […]"[103]. Der Begriff, der vor allem in der deutschsprachigen Literaturwissenschaft eine enorme Konjunktur nachweisen kann – Kien Nghi Ha hat 2005 einen „Hype um Hybridität"[104] diagnostiziert –, hat seinen Ursprung im Botanischen und dient dort der Bezeichnung von etwas Gemischtem, Zwitterhaftem oder aus verschiedenen Teilen Zusammengesetztem.[105] In der Erweiterung von Saids Verwendung des Begriffs durch Homi K. Bhabha und dessen Denkfigur des Dritten Raums wird der Terminus gegenwärtig vor allem auch in Zusammenhang mit Schwellenräumen zwischen Identitätsbestimmungen gebracht und als solcher in Bodrožić' Text prominent verhandelt.[106] Wenngleich Saids sowie auch Bhabhas Verwendungen vielerorts Kritik hervorgerufen haben, ist ein anregender Gehalt des Begriffes für die Literatur- und Kulturwissenschaft unbestritten.[107] Gerade im Hinblick auf Selbstbeschreibungen der Ich-ErzählerInnen in den vorliegenden drei Gegenwartstexten erscheint es mir dringend notwendig, den Begriff für die Analyse zu mobilisieren. In *Das Gedächtnis der*

102 Claus-Dieter Krohn: Vorwort. In: *Exilforschung* 27 (2009): Exil, Entwurzelung, Hybridität, S. I–VII, hier S. VII.

103 Ebd.

104 Kien Nghi Ha: *Hype um Hybridität. Kultureller Differenzkonsum und postmoderne Verwertungstechniken im Spätkapitalismus.* Bielefeld: Transcript 2005, S. 11–12.

105 Andreas Ackermann: Das Eigene und das Fremde: Hybridität, Vielfalt und Kulturtransfers. In: Friedrich Jaeger / Jörn Rüsen (Hrsg.): *Handbuch der Kulturwissenschaften*, Bd. 3: Themen und Tendenzen. Stuttgart: Metzler 2004, S. 139–154, hier S. 141.

106 Vgl. Homi K. Bhabha: *Die Verortung der Kultur.* Tübingen: Stauffenburg 2000, S. 5.

107 Vgl. Stephan Braese: Exil und Postkolonialismus. In: *Exilforschung* 27 (2009): Exil, Entwurzelung, Hybridität, S. 1–19, hier S. 10.

Libellen bezeichnet Ilja die Ich-Erzählerin Nadeshda als „Chamäleon" (GL 163) und verweist damit auf deren Eigenschaft, sich an verschiedene kulturelle Umgebungen über das Beherrschen der jeweiligen Sprache anzupassen. Prozesse und Effekte der Vermischung von nationalen und kulturellen Traditionslinien sind in den drei vorliegenden literarischen Texten meist positiv aufgeladen, werden konzeptuell von den Figuren in Auseinandersetzung mit ihrer Vergangenheit als neue Lebensstrategie sogar angestrebt. Die Ich-ErzählerInnen fokussieren mit ihren komplexen Lebensentwürfen „Variation und Übergang"[108] im Sinne von Andreas Ackermann anstelle von Homogenität und Ursprünglichkeit.

Das transkulturelle Selbstverständnis der Ich-Erzählerin in *Die Stille ist ein Geräusch* wurde bereits beleuchtet; die Ich-Erzählinstanzen in *Wie der Soldat das Grammofon repariert* und *Das Gedächtnis der Libellen* sind im Gegensatz zu der Ich-Erzählerin bei Zeh zwar auch reisend unterwegs, verkörpern aber einen speziellen Typ des Exilanten, der sich dadurch auszeichnet, dass er zwar in einer anderen Region lebt, diese aber ebenso wenig wie seine Herkunftsregion als lokal fixierbare bzw. statisch definierbare Heimat versteht. Die beiden Ich-Erzählerinstanzen bewegen sich zwischen Regionen und Kulturen hin und her und loten dabei neue Räume als potenziell neue Lebens- und Denkräume aus. Mit Alfrun Kliems gesprochen arbeitet der transkulturelle Exilant „nicht mit einer dualistischen Wahrnehmung, lehnt Reduktionismus und monolithische Welterfahrung grundsätzlich ab, bietet eine durch das Leben in mehreren Kulturen bestimmte, von Variabilität gezeichnete Selbstfindung dar"[109]. Die beiden Ich-Erzählinstanzen stellen die Vielfalt ihrer Person aus und verhandeln ihren Umgang mit der sie auszeichnenden Schnittmenge verschiedener sozialer, kultureller und religiöser Eindrücke mitunter als Rollenspiel (vgl. GL 113): So spricht Nadeshda im Hinblick auf ihr aus vielen Teilen bestehendes Selbst beispielsweise von einem „zersplitternden Konstrukt" (GL 153). Damit wird aufzeigt, dass Identität ein labiles, angreifbares Gebilde ist. In *Das Gedächtnis der Libellen* geht mit der Thematisierung der Identität das Ausloten neuer, fiktiver Lebensräume einher. „Wir glitten vom Denken ins Erzählen,

108 Ackermann: Das Eigene und das Fremde, S. 144.

109 Alfrun Kliems: Transkulturalität des Exils und Translation im Exil. In: *Exilforschung* 25 (2007): Übersetzung als transkultureller Prozess, S. 30–49, hier S. 30.

segelten auf unseren Erinnerungen und inneren Bildern hinüber, in irgendetwas Drittes, das wir noch nicht kannten. Ohne es selbst zu bemerken, wurden wir dieses Dritte [...]." (GL 29) Nadeshda berichtet, wie sie sich in ihren Gedanken einen Dritten Raum nach Bhabha als eigene Stadt erschafft:

> In meiner Vorstellung vermischten sich [...] alle Straßen, auf denen ich in meinem Leben gegangen war, Paris, Split, Sarajevo, New York, München, Berlin, Amsterdam, Frankfurt, alle diese Städte und Kleinstädte wie Nancy und ganz andere Städte wie Marrakesch wuchsen zu einer großen Stadt in meinem Inneren zusammen. Diese innere Stadt ließ meine Gedanken für sich arbeiten. [...] Ich dachte mir mein Leben in dieser Stadt aus, meine Erinnerung, alles, was nach Leben aussah, landete in diesem Kreis aus Straßen, Träumen, Reminiszenzen und Versatzstücken aus unzähligen fremden Sprachen. [... E]in Bezirk aus Vergangenheit, Gegenwart und Zukunft [...]. (GL 204)

Nadeshdas und Aleksandars Herkünfte sind hinsichtlich ihrer Heterogenität miteinander vergleichbar; Nadeshdas Herkunft wird dabei aber nicht als Einzelfall und als anderen Figuren der Erzählung entgegengesetzt dargestellt, sondern findet von der bosnisch-kroatisch-jüdisch-russischen Herkunft Iljas quasi in ihrer Heterogenität noch Potenzierung. Die Erläuterung von Iljas vielschichtiger Herkunft wird sowohl transnational, transkulturell als auch über weite Rückgriffe in die Genealogie dieser Figur erläutert.

> Ilja ist in der Nähe von Šibenik zur Welt gekommen, seine Mutter ist eine Dalmatinerin, deren Großeltern aus Odessa stammen. In der Antike lebten in Odessa verschiedene iranische Steppenvölker wie die Skythen und Sarmaten, und ein thrakischer Stamm, die Tyrageten. (GL 184)

Dieser Verweis auf Iljas plurale Herkunft spiegelt sich auch in dessen Berufswahl wider: Als Ethnologe widmet er sich der Konservierung von Kulturgütern verschiedenster ‚Völker'. Analog zur Kommunikationsfähigkeit Nadeshdas im Ausland heißt es auch über ihren Geliebten: „Ilja [...] kann alles Mögliche sein, er sieht einfach aus wie ein Franzose, wenn er Französisch spricht." (GL 194) Dieser Schluss von Sprachkenntnissen auf Nationalität wird hier als ein impulshafter Zwang des Menschen kritisiert. Sprache bleibt gleichwohl für alle drei Ich-Erzählfiguren der Schlüssel zu anderen Regionen: Über das „Endepol" ist Zehs Ich-Erzählerin die Weiterreise nach Sarajewo möglich; Aleksandar erarbeitet sich seine Sprachkenntnisse ganz im Sinne seiner Sammelleidenschaft: „Ich sammle die deutsche Sprache." (WG 140) Bezüglich seines neuen Alltags in Deutschland konstatiert er nach einiger Zeit der Eingewöhnung:

> Schalke 04 ist meine Lieblingsmannschaft, ich habe einen Angelschein und mein bester Freund […] hat mir ‚Sensible Soccer' ausgeliehen, ich höre Nirvana und träume auf Deutsch. […] Ich lasse mir das Haar wachsen. (WG 143)

Aleksandar ergeht es in Deutschland besser als seinen Eltern, die mehr noch als ihr Sohn mit Balkan-Vorurteilen konfrontiert werden. Das zeigt sich insbesondere an den Problemen der Mutter bei der Berufsfindung: Sie „schrieb […] siebzig Bewerbungen. Bei der einundsiebzigsten erwähnte sie nicht, dass sie Bosnierin ist und bekam einen Job als Kassiererin." (WG 152) Dass Aleksandar gegenüber anderen Lebensformen und -entwürfen immer schon offen war, zeigt sich an seiner Freundschaft zu dem homosexuellen Italiener Francesco. Diesem gegenüber tritt Aleksandar als eine Art Kulturvermittler auf: „Ich versuchte Francesco zu erklären, dass Italiener und Jugoslawen mehr als nur Nachbarn seien […]" (WG 190). Francesco wiederum erklärt Aleksandar, „dass nicht alle Italiener schwarzes Haar haben" (WG 191) und Aleksandar erklärt wiederum Francesco, „dass nicht alle Jugoslawen Börek mögen" (WG 191). Über solche Formen des Kulturaustausches und der damit einhergehenden Dekonstruktion von Stereotypen gelingt es Aleksandar sowie den beiden anderen Ich-Erzählfiguren, den kulturell, ethnisch oder religiös Anderen immer in seiner Individualität und nicht über die Betonung von Differenz darzustellen. Gleichwohl inszeniert Bodrožić die Wirkmächtigkeit von Ab- und Ausgrenzungsmechanismen, wenn sie schildert, wie in Auseinandersetzung mit den jugoslawischen EinwandererInnen in Deutschland Mechanismen der Selbstkonstituierung aktiviert werden, bei der das Selbst in Abgrenzung zum Anderen Absicherung erfährt:

> Sie wussten bereits alles, es war leicht, den Balkan in ein Klischee zu verwandeln, um sich selbst außen vor zu lassen. Es war ihnen egal, dass ich die serbische Frau wirklich geliebt habe […] und nie auf den Gedanken kam, sie in Kategorien zu packen, sie backte doch einfach nur den besten Kuchen für mich […]. (GL 222)

Angesichts der Vielzahl an eingespielten Balkan-Vorurteilen, nach denen der Krieg „nur dort unten […] geschehen konnte" (GL 224), ist es umso erstaunlicher, dass die Ich-ErzählerInnen sich von diesen Vorurteilen nicht einschränken lassen, es ihnen vielmehr gelingt, deren Absurdität auszustellen.

4. Motivik und Metaphorik: Exil, Heimat und Fremde revisited

Mit den Reflexionen der Ich-Erzählfiguren über die ‚Verwurzelung' am Geburtsort und fern desselben umkreisen die drei Texte motivisch die Themen Heimat, Fremde und Exil. Ebendiese Motive sollen im Folgenden rekapituliert werden, da die vergleichbare Motivik der Texte Anlass dazu geben könnte, die von Previšić aufgeworfene Frage nach einem Balkan Turn nicht nur über Erzähl- und Schreibverfahren, sondern auch über die Motivik der Texte zu beantworten und zu begründen. Die motivische Verhandlung von Exil bei Stanišić und Bodrožić lässt sich zudem als literarische Realisierung von Saids theoretischen Betrachtung des Exils als einer Kondition der Moderne lesen. Zudem werden die von den Entortungserfahrungen aufgerufenen Fragen nach Heimat und dem Verhältnis von Mutter- zu Fremdsprachen prominent diskutiert. Unter Rekurs auf Herta Müllers Essay „In jeder Sprache sitzen andere Augen" (2009) können die Reflexionen der Ich-Erzählfiguren Nadeshda und Aleksandar als Bestätigung der Müllerschen Gleichung „SPRACHE IST HEIMAT"[110] gedeutet werden. Mit dem Beherrschen von Fremdsprachen und der Anrufung dieser als weitere Muttersprachen konzeptualisieren die AutorInnen ein innovatives Verständnis von Heimat. Selbst für Zehs nicht migrierte Ich-Erzählerin ist ein solches von Bedeutung: Auf der Bosnienreise erweist sich die Entwicklung der übergreifenden Behelfssprache „Endepol" als Möglichkeit zur Realisierung von Diskussionen zwischen der Reisenden und der bosnischen Bevölkerung. Die Ich-Erzählerin hält bezüglich ihres Aufenthalts auf dem Balkan fest:

> Am Abend habe ich das Gefühl, immer hier gelebt zu haben und selten woanders gewesen zu sein. Man redet mit mir, in jeder Sprache, die gerade frei ist. [...] Dieses Gefühl, stelle ich fest, hat etwas von ‚Heimat'. (DS 15)

Die Ich-Erzählinstanzen der beiden anderen Texte wiederum koppeln ihr Heimatempfinden an das Land und die Kultur ihres Exils (Stanišić) ebenso wie an andere Länder, die sie als Zwischenstationen eines ohnehin kosmopolitischen Weltverständnisses kennen- und schätzengelernt haben (Bodrožić). Von der deutschen sowie der französischen Sprache behauptet Nadeshda, „das Nachdenken gelernt [zu haben], das Denken in Sprache und das Fühlen in Wörtern" (GL 29) – was für sie Heimat bedeutet.

110 Herta Müller: In jeder Sprache sitzen andere Augen. In: Dies.: *Der König verneigt sich*. München: Hanser 2003, S. 7–39, hier S. 28.

Fremde: Vom Auf- und Absetzen der „Balkanbrille" (Zeh)

Bei „der Inszenierung von Eigenem und Fremdem in der Literatur werden Struktur und Topos der Reise für die Ästhetisierung der Selbst- und Fremdbegegnung maßgeblich"[111]. Zeh bricht mit diesem Topos, der in der westeuropäischen Literatur traditionell die Reise eines Mannes als Mission seiner Selbstfindung inszeniert, wenn sie eine Frau in die Fremde aufbrechen lässt. Ihre in vielerlei Hinsicht dezidiert *nicht* prototypisch angelegte Figur strebt mit der Reise keine Selbstfindung an, sondern möchte den wirklichen Balkan hinter dem medial vermittelten erfahren. Sie möchte den Balkan und nicht sich selbst finden, ist dafür aber bereit, sich selbst zu verlieren. Für die Erzählerin ist der Aufbruch in die Fremde einfacher als „ein halbes Jahr zu Hause zu bleiben" (DS 98). Fremde wird in der Erzählung nicht als vorfindbare Gegebenheit oder Eigenschaft, sondern als ein relationaler Begriff diskutiert, den die Erzählerin eben nicht generell und vorschnell auf das kulturell Andere anwendet, sondern sich selbst als das/die Fremde betrachtet, das in eine bestehende Gemeinschaft eindringt. Fremde als Teil „einer kulturdistinktiven Beziehungsdefinition, die erst Selbstdefinition ermöglicht,"[112] wird hier hinsichtlich ihrer vielseitigen und reziproken Zuschreibungsmöglichkeiten durchgespielt bzw. in allen drei von Gutjahr erörterten Erscheinungsformen aufgeführt.[113] Letztlich repräsentiert nicht der Balkan das Fremde, sondern die mediale Berichterstattung über den Balkan in der Personifikation durch die britische Journalistin. Die Ich-Erzählerin klagt den Journalismus an, Fremdwahrnehmungen medial über die ubiquitäre Einbindung von Balkan-Vorurteilen vorzuprägen. So vergleicht sie die medial vermittelten Balkan-Bilder mit denen, die sich ihren eigenen Augen zeigen, und stellt fest: „Und wieder einmal hab ich's doch geglaubt, nämlich dass Tuzla hässlich sei. Und wieder einmal schmerzt die Schönheit

111 Gutjahr: Interkulturalität als Forschungsparadigma der Literaturwissenschaft, S. 32–33.

112 Ortrud Gutjahr: Alterität und Interkulturalität. In: Benthien / Velten (Hrsg.): *Germanistik als Kulturwissenschaft*, S. 345–369, hier S. 354.

113 Ebd., S. 360. Als drei Facetten benennt Gutjahr „das Jenseitige, prinzipiell Unverfügbare und Unzulängliche, zum andern [...] das unbekannte Draußen, das dem vertrauten Raum, sei es in dem eigenen Körper, der Familie oder der sozialen Gruppe, entgegengesetzt ist, und schließlich [... der] Einbruch in einen als eigen definierten Innenraum".

efeubewachsener Gemäuer, wieder einmal flanieren Massen lächelnder Menschen.“ (DS 219) Durch ihre Reise ist es der Erzählerin möglich, „alles zugleich [zu sehen], die ganze Stadt auf einen Blick, als hätte ich rund um den Kopf einen Kranz von Augen, jedes zweite mit Röntgenfunktion“ (DS 43). Die Journalistin verstellt dabei nicht selten allein durch ihre bloße Anwesenheit und ihren damit aufgerufenen voluminösen Körper den Blick auf den Balkan. Sie wird als eine Art Störfaktor und Fremdkörper gleichermaßen wahrgenommen. Für Zehs deutsche Ich-Erzählerin repräsentiert sie den Typus des „Balkanhelden“ (DS 143) – verstanden als eine Person, die sich und anderen durch ihre journalistischen Texte und den damit vermittelten stereotypen Balkan-Bildern „die Balkanbrille auf[setzt], durch die alles größer, ärmer und grusliger erscheint“ (DS 228). Zeh weist ihre LeserInnen damit implizit darauf hin, Aushandlungsprozesse von Eigenem und Fremdem entlang eigener subjektiver Wahrnehmungen zu diskutieren und die vorgefertigte „Balkanbrille“ abzusetzen. Denn: „*Wenn erst mal eine Zeitlang* [*sic!*] *gelogen worden ist*“ (DS 149), ist es schwierig, sich den stereotypen und wirkmächtigen Anrufungen des Anderen als Fremdem zu verweigern, so die mahnende Conclusio der Erzählerin.

Heimat: Wurzel- und Vogelmetaphorik (Bodrožić & Stanišić)

„Wurzeln erschaffen sich von alleine, sie sind unbestechlich, niemand kann sie sich zulegen, wenn sie nicht von selbst wachsen“ (GL 243), sagt die Erzählerin in *Das Gedächtnis der Libellen*. Das damit aufgerufene zentrale Motiv des Romans lässt sich im Anschluss an Vilém Flussers *Von der Freiheit des Migranten* (1994) diskutieren.[114] Wo nämlich Nadeshda mit ihren Überlegungen zu Wurzeln vornehmlich eine anscheinend unauflösbare Bindung an diese herausstellt, meint Flusser, dass gerade ExilantInnen dazu imstande sind, ebendiese zu zerschlagen. Sich von seinen vegetabilischen Wurzeln zu lösen, lässt den Menschen Flusser zufolge erst „eigentlich Mensch [werden]“[115]. Seine postulierte Erkenntnis bezeichnet Flusser selbst als einen „dialektische[n] Umschlag“[116]. Auch die Ich-Erzählerin Nadeshda will

114 Vgl. Vilém Flusser: *Von der Freiheit des Migranten. Einsprüche gegen den Nationalismus.* Bensheim: Bollmann 1994.

115 Ebd., S. 107.

116 Ebd.

die sie an ihre Familie bindenden ‚Wurzeln' zugunsten eines freieren Lebensstils zerschlagen; sie möchte „am liebsten von der Luft abstammen" (GL 238), stellt aber schmerzlich fest: „Ich bin zu schwach für den Himmel" (GL 126). Wenngleich sie sich den Schwalben und Sternen verbunden fühlt (vgl. GL 126), auch ihren Blick immer wieder gen Himmel richtet, scheint der metaphorische Raum Luft für sie – anders als für Ilja – nicht bewohnbar zu sein. Iljas Fähigkeit hingegen, im metaphorischen Raum Luft zu leben, wird auch durch ein „großes Vogelmuttermal" (GL 99) symbolisch ausgestellt, das er gleich einer von einem Kampf – mit seinen ‚Wurzeln'? – herrührenden Narbe über dem rechten Auge trägt. Gerade die dem Wurzel-Motiv hier gegenübergestellte Luft- und Vogelmetaphorik lässt sich wiederum an die Überlegungen Flussers anschließen. Bezüglich jener ExilantInnen, denen es gelingt, ihre ‚Wurzeln' zu zerschlagen, rekurriert er auf die zur Bebilderung jüdischer Existenz prominente Metapher der Luftmenschen. Nadeshda führt all ihr Verzweifeln am Leben und an ihrer Liebe zu Ilja auf den Umstand zurück, dass sie „diese verdammten Wurzeln von [...] Großvätern und Großmüttern" (GL 135) in sich trägt. Auch ihre beste Freundin Arjeta verhandelt ‚Wurzeln' als ein sie belastendes Thema, wenn sie festhält, dass die im Exil an sie gerichteten Fragen zumeist auf ihre ‚Wurzeln' abzielen, auf „die Herkunft; die von einstigen Nachbarn zerschossene Bibliothek" (GL 26). Wo es Nadeshda zwar gerade über Sprachverhandlungen gelingt, ihre Identität als plurale und als von Mehrfachloyalitäten gekennzeichnete zu verstehen, werden bezüglich ihrer Verortung keine Reflexionen über eine potenzielle ‚Mehrfachverwurzelung' ausgeführt. Bei Stanišić ist das Wurzel-Motiv im Gegensatz zu Bodrožić' Text positiv konnotiert. Das Wurzel-Motiv wird hier nicht nur im genealogischen Sinne, sondern vor allem als an Traditionen gebunden verstanden. Vor allem das üppige und häufige Essen und die damit einhergehenden Feste und deren Festtafeln werden diesbezüglich aufgerufen: „Ich helfe derweil Oma mit einer Eiche. Sie schultert die Eiche und kocht Eichenbrühe. Erde tropft von den Wurzeln, ich pflanze Hackfleischpflaumen hinein" (WG 186), so der Ich-Erzähler über das Kochen einer aus Eichenwurzeln bestehenden Suppe. ‚Wurzeln' werden hier also als etwas den jungen Ich-Erzähler Nährendes aufgeführt, das zudem nur die Großmutter in dieser Form zu kochen imstande ist. Die über die Wurzel-Metaphorik aufgerufene Verbindung zur (Heimat/Mutter-)Erde wird eindrücklich mit Aleksandars

Reise zurück in die Heimat inszeniert, wenn er mit seiner Großmutter am Grab des Großvaters Slavko picknickt: „Das Grab ist eine Festtafel. [... I]ch salze das Brot und salze die Erde mit, bohre selbst ein Loch hinein, fülle es mit Schnaps." (WG 310) Über den ehemaligen jugoslawischen Boden wird eine mentale Verbindung zum Großvater und der damit erinnerten Kindheit hergestellt.
Stärker noch als die Wurzel-Metaphorik ist in diesem Roman die Vogel-Metaphorik ausgestaltet. Sie wird mit den ersten Auswanderungen der Višegrader Bevölkerung eingeführt, die der junge Ich-Erzähler beobachtend wie folgt kommentiert:

> Am frühen Abend fuhr lange Zeit niemand mehr mit Koffern auf dem Dach vorbei. Ein Specht flog vorüber, und ich musste an die einen und die anderen Vögel denken. Die einen Vögel überwintern hier trotz der Kälte, die anderen Vögel fliegen in die Wärme. (WG 82–83)

Zugvögel sind hier als Zufluchtsuchende und mit Aleksandar im Unterschied zu denen zu lesen, die bleiben. Dass Zugvögel in die Wärme ziehen, belegt Aleksandars Vermutung, dass man auswandert, um andernorts zu überleben. Das Vogel-Motiv wird hinsichtlich einer anderen Bedeutungszuschreibung zudem im Peritext des Romans präsent; hier ruft bereits der Titel eines Kapitels ein Vogeltier auf: „1. Mai 1989 oder Das Küken in der Pionierhand" (WG 169). In vier Strophen eines sechsstrophigen Gedichts wird hier ein Küken zum Symbol für die kommunistische Politik Titos. Es symbolisiert mittels morphologischer Verwandlungen zur Taube, zum Adler und zum Huhn sowohl Frieden als auch Stärke und Kraft. Das Küken ist „eine Taube für den Frieden / ein Adler ist es für den Kampf / ein Hühnchen für das Mittagessen" (WG 168). Bei Stanišić wird das Vogel-Motiv folglich auch an ein altes, vergangenes Leben in der Heimat gekoppelt und steht nicht wie bei Bodrožić ausschließlich für die Möglichkeit einer neuen, freien Lebensform im Luftraum.

Sprache(n) als Heimat: Von den Freiheiten des Exils (Bodrožić & Stanišić)
„Sprache(n): die Diskussion um ihren Verlust und Erwerb, um die Einzigartigkeit der Muttersprache oder ihre Austauschbarkeit sind unter Exilierten ein durchgängiges und widersprüchlich diskutiertes Thema"[117], so die HerausgeberInnen Doerte Bischoff, Christoph

117 Bischoff / Gabriel / Kilchmann: Sprache(n) im Exil. Einleitung, S. 9.

Gabriel und Esther Kilchmann 2014 im *Jahrbuch für Exilforschung* unter dem Titel *Sprache(n) im Exil*. Dass von den Ich-Erzählinstanzen der drei hier verhandelten Texte traditionell wirkmächtige Vorstellungen von sprachlicher ‚Verwurzelung' und der Konnex von Sprache und Heimat in den Texten aufgeweicht werden, soll im Folgenden aufgezeigt werden. In ihren Sprachreflexionen zeichnen sich veränderte Einstellungen zur Erst-/Muttersprache ebenso ab wie Aufwertungen der Zweit- und Drittsprache. Die Relevanz der Verhandlung von Sprachen findet Ausdruck in der Funktion aller drei Erzählfiguren als SchriftstellerInnen. Schreibend erleben sie die Welt, schreibend werden sie in ihr heimisch:

> Alle diese Verrückten, die Bücher schreiben, haben etwas von Dorfkindern an sich. Es ist egal, ob sie das in der ersten oder in der zweiten Muttersprache schreiben, lesen, leben. Ich mag Leute, die sich fremd in fremden Sprachen werden, bis die fremden Sprachen ihre Sprachen werden, bis alles fremd wird im Detail, weil doch das Menschsein an sich, en gros und en détail, das Fremde ist. (GL 12)

Das Wechseln zwischen Literatur- und Alltagssprache wird von der Ich-Erzählerin in *Das Gedächtnis der Libellen* als Ausdruck des Menschseins und eines damit einhergehenden Prozesses des permanenten Aushandelns von Identität geknüpft. Im Gegensatz zu ihrem Geliebten, der es dem Schriftsteller Milan Kundera verübelt, „dass er seine Literatursprache gewechselt hat, dass er das Tschechische zugunsten des Französischen verlassen, also auch verraten hat" (GL 11–12), ist das Wechseln von Sprachen für Nadeshda zur Notwendigkeit und Möglichkeit des Ausdrucks der Vielfältigkeit ihrer Identität geworden. Mit den verschiedenen Sprachen verbindet sie unterschiedliche Facetten ihres Selbst:

> In unserer ersten Muttersprache, die sich in der Zwischenzeit als ein bemerkenswert hybrides Wesen [...] erwiesen hatte, kannte ich das Denken in Sprache nicht. Ich sprach in dieser ersten Sprache einfach drauflos, und jedes Sprechen war naiv, vorpreschend, eine Art Verteidigung meiner selbst. (GL 28–29)

Mittels Zweit- und Drittsprache kann Nadeshda Distanz zu ihrer Heimat und ihren gefährlichen familiären ‚Wurzeln' – ihrer Verwandtschaft zu einem Mörder – herstellen. Eine solche realisiert auch Ilja, wenn er mit Nadeshda nur auf Englisch spricht, um sie auf Distanz zu halten. Die Mehrsprachigkeit der Figuren wird in Ilja überhöht, wenn es heißt, dass er „Zwölfkommafünf Sprachen spricht" (GL 73). Nadeshda koppelt das Erlernen von Fremdsprachen insofern an Ilja, als sie es mit der Empfindung des Verliebtseins vergleicht: „Stammeln, Schüchternheit, Neugier, Lust, Freude, welterobernde Gefühle – ein Satz hatte das Leben schon erklärt, ein neues Wort einen Kontinent begehbar gemacht." (GL 192) Gerade bezüglich des Heimatverlusts hält Nadeshda fest, dass mit ihrem Vaterland Jugoslawien immerhin nicht auch ihre Muttersprache, das Serbokroatische, untergegangen ist:

> Immerhin, tröste ich mich manchmal in Gedanken an Dalmatien, sprechen sie dort doch noch die Sprache, die auch ich gelernt habe. Es ist nicht wie in Lemberg für einen Polen, ich kann noch immer die Menschen verstehen, ihren Sätzen noch wissend zuhören. Ich weiß, was sie sagen, wenn sie nichts sagen, und ich weiß, was sie verschweigen, wenn sie reden. Noch immer bin ich eine von ihnen. Noch immer kennt man mich dort. Noch immer ist dort der Anfang von allem. (GL 204–205)

Bei Stanišić werden insbesondere die Eigentümlichkeiten von Sprachen beleuchtet. Bezüglich der Vielfalt und der Besonderheiten der deutschen Sprache hält er fest: „ß ist jetzt mein Lieblingsbuchstabe und eine sehr schöne Erfindung, weil darin zwei s untergekommen sind" (WG 136). Diese sprachphilosophisch anmutenden Ausführungen regen Aleksandar zudem an, seinen Namen in „Alekßandar Krßmanović" (WG 136) zu ändern. Der an Sprachen interessierte junge Aleksandar hatte bereits mit seinem italienischen Freund Francesco in der alten Heimat angeregt über Sprachen diskutiert. Wenn die beiden Boccia spielen, erklärt Francesco Aleksandar, dass man zwar Boća sagte, aber es mit zwei c schreibt, woraufhin Aleksandar dem „ć" ebenso wie später dem „ß" eine platzsparende Funktion zuschreibt (vgl. WG 191). Sprache ist ihm ein Spiel und hat zugleich eine therapeutische Wirkung auf ihn, die er in einem Brief an Asja andeutet: „Ich sammle die deutsche Sprache. Sammeln wiegt die schweren Antworten und die schweren Gedanken auf, die ich habe, wenn ich an Višegrad denke [...]." (WG 140) Die Reflexionen Aleksandars lassen sich im Anschluss an Peter Weiss' Rede „Laokoon oder Über die Grenzen der Sprache" (1965) deuten. Hier diskutiert Weiss, inwieweit das Wort eine ‚Verwurzelung' in der „verwirrenden Freiheit"[118] des Exils ermöglicht. Wenngleich die Ich-Erzählerin in

118 Peter Weiss: Laokoon oder Über die Grenzen der Sprache: In: Ders.: *Rapporte*. Frankfurt am Main: Suhrkamp 1968, S. 170–187, hier 186–187.

Das Gedächtnis der Libellen meint, ihre ‚Wurzeln' zu ihren Verwandten nicht zerschlagen zu können, stellt doch gerade ihre Erzählung die ‚Verwurzelung' ihrer selbst in einer neuen Sprache aus. Sprache erweist sich für Nadeshda und Aleksandar als Wegweiser bei der Realisierung neuer Lebensentwürfe und -formen.

IV.
„*Balkan Turn* gefällig?“: Herausforderungen für die Literaturwissenschaft

2009 stellte Previšić die Frage nach einem Balkan Turn in der deutschen Literatur.[1] Obwohl seitdem zahlreiche neue literarische Texte mit Balkan-Thematik erschienen sind, hat weder Previšić selbst noch haben andere LiteraturwissenschaftlerInnen die Frage nach einem Turn vor dem Hintergrund neuerer Publikationen wieder aufgenommen. Es ist zudem überraschend, dass die Frage damals nicht weiter diskutiert wurde. Darüber, ob dies darin begründet liegt, dass Previšić' verneinende Antwort auf die Frage als überzeugend rezipiert wurde, kann hier nur spekuliert werden. Auffällig ist jedenfalls Previšić' demografisch argumentierte anstelle einer literaturwissenschaftlichen Begründung seiner Antwort. Mit Rekurs auf die Etablierung des Turkish Turn in der deutschsprachigen Literatur führt er aus, dass hierzulande weitaus mehr türkischstämmige als jugoslawischstämmige Menschen leben. Diesen Fakt unterfüttert Previšić mit statistischem Material und führt ihn sodann als Grund dafür an, dass von einem Balkan Turn nicht gesprochen werden könne, da der kulturelle Faktor Balkan in Deutschland eben kein gewichtiger sei. Statt hier literarische Stimmen anzuführen und es sich zur Aufgabe zu machen, diese Frage auch auf literarischer Grundlage auszuhandeln, beschränkt sich Previšić auf die Kritik, dass bezüglich der Balkan-Thematik das Schreiben

1 Vgl. Previšić: Poetik der Marginalität, S. 189.

„deutschmuttersprachiger" SchriftstellerInnen angeblich noch immer viel gewichtiger sei als dasjenige der aus Jugoslawien stammenden und nun im deutschsprachigen Raum lebenden AutorInnen. Diese Behauptung erscheint mir aus zwei Gründen paradox: Erstens kreisen Previšić' literaturwissenschaftliche Analysen von deutschsprachigen Balkan-Texten selbst um einen solche „deutschmuttersprachigen" Autoren, nämlich Peter Handke, womit in gewisser Weise eine ebendiesem Autoren zugesprochene Monopolisierung auf das Balkan-Thema Fortsetzung erfährt; zweitens rekurriert Previšić bezüglich einer nicht-„deutschmuttersprachigen" literarischen Stimme ausschließlich auf das Debüt von Stanišić, statt andere Stimmen in den Diskurs einzuführen. Verkannt wird dabei Zehs Reisebericht, das Potenzial des vielgestaltigen literarischen Œuvres der jugoslawischstämmigen Marica Bodrožić sowie jüngere literarische Stimmen wie zum Beispiel Martin Kordić.
Der Antwort von Previšić auf die von ihm gestellte Frage nach einem Balkan Turn – seinem ‚Nein' hierzu – schließe ich mich jedoch an. Diese Studie hat am Ende ihres zweiten Kapitels begründet, weshalb durchgängig der Begriff ‚Balkan' anstelle des nur vermeintlich eine Alternative bietenden Begriffs ‚Südosteuropa' Verwendung findet. Im Rekurs auf Sundhaussens weit gefasste Definition des Balkans wird die Frage nach einem Balkan Turn nun obsolet, weil der Turkish Turn einen solchen bereits teilweise vorwegnimmt, wenn nach Sundhaussens Definition die Türkei Teil des Balkans ist. Da dieser Turn sich in der Literaturwissenschaft bereits diskursiv festgesetzt hat, ist die Einführung eines Balkan Turn folglich überflüssig, denn der Turkish Turn müsste zunächst zurückgenommen werden, um den weiter gefassten Balkan Turn postulieren zu können, innerhalb dessen dann wiederum zwischen einem spezifischen Turkish Turn und einem spezifischen Yugoslavian Turn differenziert werden könnte. Einen Yugoslavian Turn bietet bereits Previšić als einen Alternativbegriff zum Balkan Turn an. Dieser Begriff, der geografisch nun keinerlei Überschneidungen zur Türkei aufruft, ist jedoch einer anderen Problematik ausgesetzt. Denn: Jugoslawien gibt es nicht mehr! So kann sich ein Yugoslavian Turn entweder nur auf die Texte jener Schreibenden beziehen, die noch im ehemaligen Jugoslawien geboren worden sind, oder auf solche rekurrieren, die ihre Handlung explizit in eine Zeit legen, zu der das ehemalige Jugoslawien noch in seiner Einheit und als Staat bestand. Würde man nämlich diesen Begriff

auf Texte beziehen, deren AutorInnen *nach* dem Zerfall Jugoslawiens geboren worden sind und die die Handlungen ihrer Texte mitunter in Kroatien, Serbien oder aber auch Slowenien verorten, dann käme das Sprechen von einem Yugoslavian Turn einer mit Verlaub undifferenzierten Vereinheitlichung von unterschiedlichen Herkunfts- und Handlungsorten gleich. Brigid Haines erforscht, ob bezüglich der deutschsprachigen Gegenwartsliteratur von einem Eastern Turn gesprochen werden kann. Wenngleich dieser Begriff sich als weniger problematisch erweist als der des Balkan oder Yugoslavian Turn, verkürzt auch er meines Erachtens die Wahrnehmung einer „new wave of migrant writing in Germany, Austria and Switzerland“[1]. Denn er suggeriert eine literarische Aufteilung Europas in Ost und West.
Bei allen Diskussionen um die passende Begrifflichkeit für einen Turn wird verkannt, dass die neueren literarischen Gegenwartstexte sich nicht nur auf einen Handlungsort oder auf eine fixierbare Herkunft ihrer AutorInnen reduzierend lesen lassen. Bodrožić und Stanišić eröffnen mit ihren Texten transnationale und transkulturelle Perspektiven auf das zeitgenössische Leben, das sich nicht mehr nur an einem Ort oder in einem Land abspielt. Damit werden Fragen nach der Notwendigkeit von ‚Beheimatung‘ und ‚Verwurzelung‘ in den Texten zur Disposition gestellt. Ich möchte mich hier gegen eine literaturtheoretische Begründung von Turns aussprechen. Ich bin der Meinung, dass sich gerade auch mit Blick auf die Zukunft ein solches Begründen immer neuer Turns notwendigerweise irgendwann in immer kleiner werdenden Kadenzen verrennen muss. Die Herausforderung für die Literaturwissenschaft besteht vielmehr darin, Termini vorzuschlagen, die die transnationalen, transkulturellen und auch transhistorischen Denkräume von aktueller Literatur einschlägiger zu illustrieren vermögen. Denn gerade im Rekurs auf den Aspekt des Inter-Exils zeigt sich, dass gegenwärtige Texte über Intertextualität wie auch über spezifische Erzählstrategien die subjektiven Erfahrungen von Exil und Migration in ein kollektives Gedächtnis einschreiben, und damit betonen, dass die mit Literatur abgebildeten Geschichten von Flucht und Vertreibung sich gerade auch über ihren Anschluss an andere historische Zäsuren abbilden

1 Vgl. Bigrid Haines: The Eastern Turn in Contemporary German, Swiss and Austrian Literature. In: *Journal of Contemporary Central and Eastern Europe* 16,2 (2008), S. 135–149, hier S. 135.

lassen. Die Texte einem Turn zuzuordnen, dessen Begriff wieder auf die Kategorie des Nationalen bzw. einer kulturellen Topografie referiert, wird meines Erachtens nach den Texten nicht gerecht, die vielmehr und im Anschluss an Ette ein „ZwischenWeltenSchreiben" performativ ausstellen und als Beiträge zur Weltliteratur diskutiert werden können.

V.
Schlussbemerkung als Ausblick

Wo liegt der Balkan (in der Literatur)? In den untersuchten drei Gegenwartstexten erweisen sich die drei Ich-ErzählerInnen insofern als kritische Landvermesser Europas, als sie eine literarische Karte des Kontinents vorlegen, auf welcher die Balkan-Region im Zentrum angesiedelt ist. Der Balkan wird in allen drei Texten jenseits binärer Denkkategorien verortet und dient im Gegensatz zu literarischen Verhandlungen des 18. bis 20. Jahrhunderts nicht mehr als Folie, um deutschsprachige Kulturpolitik und Nationalbewusstsein zu verhandeln. Die meiner Studie ihren Titel gebende Frage, ob der Balkan literarisch im Grenzland Europas angesiedelt wird, kann auf zweierlei Weise beantwortet werden: zum einen wird eine Marginalisierung des Balkans verhindert, indem die Figuren den Balkan über die Reflexion ihrer Herkunft immer gleich einem Rucksack auf dem Rücken mit sich in das jeweilige Land und in die jeweilige Stadt ihres Aufenthaltes tragen und oft fern ihrer ehemaligen Heimat auf andere jugoslawische ExilantInnen treffen:

> Der Zufall ist nicht mehr und nichts weniger als eine verdammte und verdammt präzise Mathematik, die uns überall im Ausland als Vertraute zusammenkommen lässt, überall, auf französischen Boulevards, in römischen Bussen, in allen möglichen vorstädtischen Kinosälen Europas, in der Schweizer Hauptstadt, an den kleinsten Flughäfen der Welt, in Chicago [...] und dann auch in der deutschen Provinz [...]. (GL 209)

Zum anderen verweisen die drei AutorInnen nachdrücklich darauf, dass der Balkan ein mentales Konstrukt Westeuropas ist, indem sie Todorovas Balkanismus-Theorie literarisch inszenieren. Damit klaffen das geografische und das politische Europa auseinander. Die literarischen Texte lassen dabei nicht unberücksichtigt, dass Europa selbst ein Konstrukt ist. Diesbezüglich erinnern mich die Texte an Yoko Tawadas Erzählung „Eigentlich darf man es niemandem sagen, aber Europa gibt es nicht“ aus ihrem Band *Talisman*.[1] Die Enttarnung Europas als Konstrukt verweist auf die ebenfalls von den Erzählfiguren thematisierte Zersplitterung in Ost- und Westeuropa und zugleich darauf, dass die Deutungsinstanzen hierfür noch immer im Westen liegen. Die HerausgeberInnen des Bandes *Topographie pluraler Kulturen. Europa von Osten gesehen* stellen heraus, dass die westlichen Zentren „die Genese Europas vom Mittelmeerraum (Spanien/Römisches Reich) her schreiben, während der Osten marginalisiert wird, wenn er nicht im Zusammenhang einer Diskussion über die ‚Grenzen‘ Europas, d. h. bei einer Abgrenzung gegenüber dem Osten/Orient ins Spiel kommt.“[2] Gegen eine solche Genese und Marginalisierung schreiben die AutorInnen der drei hier vorgestellten Gegenwartstexte intensiv an; sie reiben sich dabei an monokulturellen sowie einsprachigen Konzeptionen von Literatur. Die drei Texte siedeln sich somit in einem Spannungsfeld von ästhetischer Kreativität und politischer sowie kultureller Aktualität an. Zudem demonstrieren sie, dass Literatur mitunter politischen Verhandlungen von Migrations- und Exilbewegungen und ihren Folgen zeitlich sowie intellektuell voraus ist: Denn mittels des heterogenen Erzähl- und Figurenpersonals wird einer Rhetorik des Nationalen literarisch eine Absage erklärt. Die textnahen Analysen konnten zeigen, dass nicht etwa der Balkan, sondern vielmehr Transkulturalität und Transnationalität die eigentlichen zentralen Themen der Texte sind, denen über bzw. entlang der Erfahrung des Zerfalls Jugoslawiens literarisch nachgespürt wird.

Bei Zeh wird erstmalig die Handkesche Tradition eines dichotomisch denkenden Ich-Erzählers aufgebrochen. Der bei Zeh potenziell immer mögliche Dialog mit dem kulturell und national Anderen wird bei Stanišić innovativ weitergedacht, wenn er auf horizontaler

1 Yoko Tawada: Eigentlich darf man es niemandem sagen, aber Europa gibt es nicht. In: Dies.: *Talisman. Erzählungen*. Tübingen: Konkursbuch 2008, S. 46–58.

2 Esther Kilchmann / Andreas Pflitsch / Franziska Thun-Hohenstein: Einleitung. Von Osten her gesehen: Europa als Topographie pluraler Kulturen. In: Dies. (Hrsg.): *Topographien pluraler Kulturen. Europa von Osten her gesehen*. Berlin: Kadmos 2011, S. 7–20, hier S. 8.

wie vertikaler Ebene verschiedene Figuren aus zeitlich unterschiedlichen Perspektiven heraus sprechen lässt. Bodrožić' Roman bildet Vielstimmigkeit ab, indem sie inter-exilische Versatzstücke einbindet und so einen vielschichtigen Text aufbaut, der zu einem Gedächtnisort transkultureller, transnationaler und transhistorischer Erfahrungen von Flucht und Verlust, aber auch von Neuanfang wird. Gerade der letztgenannte Gegenwartstext erinnert damit an Zafer Şenocaks *Gefährliche Verwandtschaft* (1998). Hier wird über die Ich-Erzählfigur Sascha, dem Sohn einer deutsch-jüdischen Mutter und eines türkischen Vaters, ein Verweisspiel im Dreieck deutscher, deutsch-jüdischer und deutsch-türkischer Identitäten entfaltet, das in der subjektiven Identitätsproblematik des Ich-Erzählers Ausdruck findet.[3] So wie Nadeshda unweigerlich mit ihrem Vater, dem in die USA geflohenen Kindermörder, verwandt bleibt, ist auch die Identität Saschas mit der Shoah und dem türkischen Völkermord an den Armeniern verbunden.[4]

Gerade die Nähe der Texte zu solchen des sogenannten Turkish Turn unterfüttert meine Ansicht, dass es keiner weiteren literaturtheoretischen Entwicklung von Begrifflichkeiten bedarf, sondern die Literaturwissenschaft vielmehr aufgefordert ist, transkulturelle, transnationale und transhistorische Perspektiventfaltungen zeitgenössischer Texte zusammenzudenken. Neben Zafer Şenocaks Text, der sich unter einer gewissen Erweiterung des Forschungsinteresses als an meine Analyse anschließbar erweist, sind in diesem Kontext unbedingt die Texte von Olga Grjasnowa, Katja Petrowskaja und Térezia Mora zu nennen. Gerade Mora hat mit *Alle Tage* 2004 einen beeindruckenden Roman vorgelegt, der ob seines Erscheinungsdatums wie auch aufgrund der Verhandlung der Identität seines Protagonisten in vielerlei Hinsicht die vorgelegte Analyse anregend hätte erweitern können.[5] In *Alle Tage* ist die Leerstelle der Identität des Protagonisten bzw. die rätselhafte Struktur ebendieser die treibende Kraft der Erzählung. Mehrere fokalisierende und auktoriale Stimmen versuchen hier die Biografie des Protagonisten mit Namen

3 Vgl. Michael Hofmann: Die Vielfalt des Hybriden. Zafer Şenocak als Lyriker, Essayist und Romancier. In: Heinz Ludwig Arnold (Hrsg.): *Literatur und Migration*. München: Text + Kritik 2006, S. 47–58, hier S. 53.

4 Vgl. ebd.

5 Térezia Mora: *Alle Tage*. München: Luchterhand 2004.

Abel Nema zu rekonstruieren.[6] Dass diese Lebensgeschichte eng verbunden ist mit den postjugoslawischen Kriegen, kann nicht belegt, sondern immer nur vermutet werden. Mora führt den Lesenden somit ihre eigene Sehnsucht nach Gewissheit und Exotisierung vor Augen. Lene Rock argumentiert, dass die nebulösen Erzähl- und Schreibtechniken Moras bewusste Strategie sind, um vor thematischer Verblendung zu schützen, „denn, wie Mora über diese auch in *Seltsame Materie* verwendete Erzähltechnik erklärt“[7], gebe es Wörter, „die reißen einen Text mit Mann und Maus an sich. Man kann Gestapo, Balkankriege oder 9/11 nicht *nebenbei* erwähnen. Solche Wörter dominieren einen Text [...]“[8]. Insbesondere im Rekurs auf das vorangestellte Kapitel unterfüttert diese Äußerung Moras meinen Entschluss, keinen Balkan bzw. Eastern Turn auf Grundlage der hier analysierten Texte zu postulieren. Vielmehr stellen Verfahren der Anonymisierung und der Austauschbarkeit von Raum und Zeit – wie die in Moras Text gewählten – gelungene Schreibstrategien dar, mittels derer Identität wieder als hochgradig individuell erscheint. Gerade Moras Roman um Abel Nema kann ob der Verweigerung von biografischen Angaben als exemplarischer Versuch gelesen werden, Identität jenseits vorgefertigter Kategorien abzubilden. Wer sich ein solches Verständnis von Identität zu eigen machen kann, versteht auch Ilja in *Das Gedächtnis der Libellen*, wenn er sagt: „Das ganze Leben ist Balkan, [...] man muss es nur wissen, sonst ist man verloren.“ (GL 240)

Gerade im Hinblick auf Mental Maps, auf die Frage nach dem „Wo“ des Balkans, bietet es sich an, den Blick Übersee zu richten. Mit Téa Obrehts *The Tiger's Wife* (2011)[9] hat die Sehnsucht nach einem neuen großen amerikanischen Roman in einer Balkan-Saga um die Kindheit im ehemaligen Jugoslawien Befriedigung gefunden. Ebendieser Roman weist nicht nur hinsichtlich des Texteinstiegs mit dem Tod des Großvaters der Ich-Erzählfigur große Ähnlichkeiten zu *Wie der Soldat das Grammofon repariert* auf: Wie Stanišić verzaubert Obreht

6 Vgl. Rock: Überflüssige Anführungsstriche, S. 3.

7 Ebd.

8 Térezia Mora: Das Kreter-Spiel. http://www.tereziamora.de/downloads/Kreter-Spiel.pdf (Zugriff am 22.08.2016).

9 Eine deutsche Übersetzung liegt vor mit Téa Obreht: *Die Tigerfrau*, aus d. Engl. v. Bettina Abarbanell. Reinbek: Rowohlt 2013.

ihr Lesepublikum mit einer dem magischen Realismus nahestehenden Sprache. Doch jenseits einer auf Stil und Motivik der Texte fokussierten komparatistischen Analyse stellt sich mir vor allem die Frage, wie in dem von Obreht sowie in den von Aleksandar Hemon und Ismet Prcic vorgelegten Romanen *The Lazarus Project* und *Shards* die geografische Region Balkan hinsichtlich ihrer Verortung in Europa wahrgenommen wird.[10] Ist der Balkan hier Teil Europas? Zählt er zum Westen? Welche literarischen Grenzräume werden entfaltet? Wie werden sie durch- oder unterwandert? Wenngleich diese Fragen hier unbeantwortet bleiben, möchte ich sie doch nicht ungestellt lassen. Sie sind als Einladung zu Perspektivwechseln zu verstehen – zu Perspektivwechseln, mit denen auch jene literarischen Figuren sich auseinandersetzen, die fern ihrer Heimat anderen von dieser erzählen. Wo der Balkan liegt, bleibt so letztlich eine Frage des Blickwinkels. Und so möchte ich einen anderen Text von Bodrožić zitierend diese Untersuchung als unabschließbar abschließen:

> Geographische, kulturelle und geistige Peripherien sind dem Zentrum suspekt, werden auch von ihm abgelehnt, um den Erhalt der eigenen Wahrheit zu sichern. Alles Wilde, Chaotische, Nicht-Zivilisierte wird bereitwillig dem magisch auswuchtenden Balkan zugesprochen, der immer mehr zu einer Erfindung des Westens wird. Als Kind wunderte ich mich in Hessen, dass „da unten" ein Synonym für meinen Süden wurde. Da unten? War die Erde doch keine Kugel? Und wo befinden sich dann die Sterne, wenn ich in Australien bin oder in Amerika?[11]

10 Auch diese Romane wurden ins Deutsche übertragen: Aleksandar Hemon: *Lazarus*, aus d. Amerik. v. Rudolf Hermstein. München: Knaus 2009; Ismet Prcic: *Scherben*, aus d. Amerik. v. Conny Lösch. Berlin: Suhrkamp 2013.

11 Marica Bodrožić: *Mein weißer Frieden*. München: Luchterhand 2014, S. 41.

Literaturverzeichnis

Primärliteratur

Bachmann, Ingeborg: Drei Wege zum See [edierte Druckfassung]. In: Dies.: *„Todesarten"-Projekt. Kritische Ausgabe*, unter d. Leitung v. Robert Pichl, hrsg. v. Monika Albrecht / Dirk Göttsche, Bd. 4: Der „Simultan"-Band und andere späte Erzählungen. München: Piper 1995, S. 311–471.

Bodrožić, Marica: *Das Gedächtnis der Libellen*. München: btb 2012.

—: Mein Onkel Joseph. In: Dies.: *Tito ist tot*. München: btb 2013, S. 23–31.

—: *Mein weißer Frieden*. München: Luchterhand 2014.

Handke, Peter: Eine winterliche Reise zu den Flüssen Donau, Save, Morawa und Drina oder Gerechtigkeit für Serbien. In: Ders.: *Abschied des Träumers vom Neunten Land*. Frankfurt am Main: Suhrkamp 1998, S. 33–161.

—: *Die morawische Nacht*. Frankfurt am Main: Suhrkamp 2008.

May, Karl: Durch das Land der Skipetaren. In: Ders.: *Werke*, hrsg. v. Hermann Wiedenroth / Hans Wollschläger, Abt. IV: Reiseerzählungen, Bd. 5: Durch das Land der Skipetaren. Nördlingen: Greno 1988.

Stanišić, Saša: *Wie der Soldat das Grammofon repariert*. München: btb 2008.

Zeh, Juli: *Die Stille ist ein Geräusch. Eine Fahrt durch Bosnien*. München: btb 2003.

—: Leere Mitte (2011). In: Dies.: *Nachts sind das Tiere*. Frankfurt am Main: Schöffling 2014, S. 171–176.

Sekundärliteratur

Ackermann, Andreas: Das Eigene und das Fremde: Hybridität, Vielfalt und Kulturtransfers. In: Friedrich Jaeger / Jörn Rüsen (Hrsg.): *Handbuch der Kulturwissenschaften*, Bd. 3: Themen und Tendenzen. Stuttgart: Metzler 2004, S. 139–154.

Anonymus: Kurtze Beschreibung und Erzehlung / von einem Juden mit Namen Ahaßverus [1602]. In: Mona Körte / Robert Stockhammer (Hrsg.): *Ahasvers Spur. Dichtungen und Dokumente vom Ewigen Juden*. Leipzig: Reclam 1995, S. 9–14.

Arendt, Hannah: Wir Flüchtlinge. In: Marie Luise Knott (Hrsg.): *Zur Zeit. Politische Essays,* aus d. Amerik. v. Eike Geisel. Berlin: Rotbuch 1986, S. 7–21.

Assmann, Aleida: Unbewältigte Erbschaften. Fakten und Fiktionen im zeitgenössischen Familienroman. In: Andreas Kraft / Mark Weißhaupt (Hrsg.): *Generationen: Erfahrung – Erzählung – Identität*. Konstanz: UVK 2009, S. 49–69.

Augé, Marc: *Nicht-Orte,* aus d. Franz. v. Michael Bischoff, mit einem Nachw. v. Marc Augé zur Neuausg. München: Beck 2010.

Batinić, Bruno: *Der Jugoslawien-Krieg in der Fiktion. Die Rezeption der Jugoslawien-Kriege in den fiktionalen Werken deutschsprachiger SchriftstellerInnen*. Diplomarbeit, Universität Wien 2003.

Benthien, Claudia / Hans Rudolf Velten: Einleitung. In: Dies. (Hrsg.): *Germanistik als Kulturwissenschaft. Eine Einführung in neue Theoriekonzepte*. Reinbek: Rowohlt 2002, S. 7–34.

Berg, Nicolas: *Luftmenschen. Zur Geschichte einer Metapher*. Göttingen: Vandenhoeck & Ruprecht 2008.

Bernstorff, Wiebke von: Reisen ins jugoslawische Kriegsgebiet: Peter Handke, Juli Zeh und Saša Stanišić. In: Dies. / Burkhard Moennighoff / Toni Tholen (Hrsg.): *Literatur und Reise*. Hildesheim: Universitätsverlag 2013, S. 194–227, hier S. 214.

Bhabha, Homi K.: *Die Verortung der Kultur*. Tübingen: Stauffenburg 2000.

Bideleux, Robert: Europakonzeptionen. In: Karl Kaser / Dagmar Gramshammer-Hohl / Robert Pichler (Hrsg.): *Europa und die Grenzen im Kopf*. Klagenfurt: Wieser 2004, S. 89–111.

Bischoff, Doerte: Exil und Interkulturalität – Positionen und Lektüren. In: Bettina Bannasch / Gerhild Rochus (Hrsg.): *Handbuch der deutschsprachigen Exilliteratur. Von Heinrich Heine bis Herta Müller*. Berlin / Boston: de Gruyter 2013, S. 97–119.

—: Transnationalität als Paradigma der germanistischen Literaturwissenschaft. In: Emilia Dentschewa / Maja Razbojnikova-Frateva / Emilia Baschewa / Reneta Kileva-Stamenova / Radka Ivanova / Svetlana Arnaudova (Hrsg.): *Traditionen. Herausforderungen und Perspektiven in der germanistischen Lehre und Forschung. 90 Jahre Germanistik an der St.-Kliment-Ochridski-Universität Sofia. Akten der Jubiläumskonferenz der Fachrichtung Deutsche Philologie 11.–12. Oktober 2013*. Sofia: Universitätsverlag „St. Kliment Ochridski" 2015, S. 39–57.

Bischoff, Doerte / Christoph Gabriel / Esther Kilchmann: Sprache(n) im Exil. Einleitung. In: *Exilforschung* 32 (2014): Sprache(n) im Exil, S. 9–25.

Bischoff, Doerte / Susanne Komfort-Hein: Vom anderen Deutschland zur Transnationalität. Diskurse des Nationalen in Exilliteratur und Exilforschung. In: *Exilforschung* 30 (2012): Exilforschungen im historischen Prozess, S. 243–273.

—: Einleitung: Literatur und Exil. In: Dies. (Hrsg.): *Literatur und Exil. Neue Perspektiven*. Berlin / Boston: de Gruyter 2013, S. 1–19.

Bodenheimer, Alfred: *Wandernde Schatten. Ahasver, Moses und die Authentizität der jüdischen Moderne*. Göttingen: Wallstein 2002.

Bombitz, Attila: Eine österreichische Geschichte. Wege in und zu Ingeborg Bachmanns Erzählung *Drei Wege zum See*. In: Attila Bombitz / Zsuzsa Bognár (Hrsg.): *„Ihre Worte". Ein Symposium zum Werk von Ingeborg Bachmann*. Wien: Praesens 2008, S. 73–84.

Braese, Stephan: Exil und Postkolonialismus. In: *Exilforschung* 27 (2009): Exil, Entwurzelung, Hybridität, S. 1–19.

Brodsky, Joseph: *Erinnerungen an Leningrad*, aus d. Amerik. v. Sylvia List / Marianne Frisch. München: Hanser 1987.

Brokoff, Jürgen: „Zusehen, wie alles grundlos zwischen Gut und Böse pendelt". Ethik und Ästhetik der Darstellung in Juli Zehs Bosnientext *Die Stille ist ein Geräusch*. In: Ders. / Elke Dubbels / Andrea Schütte (Hrsg.): *Spielräume*. Bielefeld: Aisthesis 2013, S. 263–277.

Bronfen, Elisabeth: Exil in der Literatur: Zwischen Metapher und Realität. In: *arcadia* 28,2 (1993), S. 167–183.

—: Entortung und Identität. Ein Thema der modernen Exilliteratur. In: *The German Review* 69,2 (1994), S. 70–78.

Bühler-Dietrich, Annette: Verlusterfahrungen in den Romanen von Melinda Nadj Abonji und Saša Stanišić. In: *Germanica* 51 (2012), S. 2–10.

Cufaj, Beqë: Nicht ohne meinen Hund. Land und Menschen sind Nebensache. Die Touristin Juli Zeh bereist Bosnien im Gestus energischer Unvoreingenommenheit, aus d. Alban. v. Joachim Röhm. In: *Frankfurter Allgemeine Zeitung*, 14.09.2002, S. 40.

Deichmann, Thomas: Einleitung. In: Ders. (Hrsg.): *Noch einmal für Jugoslawien: Peter Handke*. Frankfurt am Main: Suhrkamp 1999, S. 9–16.

Dörner, Bernward: Der Holocaust – die Endlösung der Judenfrage. In: Wolfgang Benz (Hrsg.): *Vorurteil und Genozid. Ideologische Prämissen des Völkermords*. Wien: Böhlau 2010.

Dollenmayer, David: Ingeborg Bachmann Rewrites Joseph Roth. In: *Modern Austrian Literature* 26,1 (1993), S. 59–74.

Dyer, Geoff: *The Missing of the Somme*. New York: Vintage 2011.

Enzensberger, Hans Magnus: Bosnien, Uganda. Eine afrikanische Ansichtskarte. In: Ders.: *Zickzack*. Frankfurt am Main: Suhrkamp 1997, S. 89–94.

Erll, Astrid: Literatur und kulturelles Gedächtnis: Zur Begriffs- und Forschungsgeschichte, zum Leistungsvermögen und zur literaturwissenschaftlichen Relevanz eines neuen Paradigmas der Kulturwissenschaft. In: *Literaturwissenschaftliches Jahrbuch* 43 (2002), S. 249–276.

Fessmann, Meike: Vom Aufbewahren der Erinnerungen. Über Marica Bodrožić. In: *Sinn und Form* 5 (2013), S. 731–738.

Finzi, Daniela: *Unterwegs zum Anderen? Literarische Erfahrungen der kriegerischen Auflösung Jugoslawiens aus deutschsprachiger Perspektive*. Tübingen: Francke 2013.

Fischer, Bernd: Multi, Inter, Trans: Zur Hermeneutik der Kulturwissenschaft. In: *Trans. Internet-Zeitschrift für Kulturwissenschaften* 15 (2005). http://www.inst.at/trans/15Nr/01_1/fischer15.htm (Zugriff am 14.11.2016).

Flusser, Vilém: *Von der Freiheit des Migranten. Einsprüche gegen den Nationalismus*. Bensheim: Bollmann 1994.

Foucault, Michel: Andere Räume (1967). In: Karlheinz Barck (Hrsg.): *Aisthesis: Wahrnehmung heute oder Perspektiven einer anderen Ästhetik. Essais*. 5., durchges. Aufl. Leipzig: Reclam 1993, S. 34–46.

Freud, Sigmund: Das Unheimliche. In: Ders.: *Studienausgabe*, hrsg. v. Alexander Mitscherlich / Angela Richards / James Strachey, Bd. 4: Psychologische Schriften. Frankfurt am Main: Fischer 1982, S. 241–274.

Galli, Matteo: Wirklichkeit abbilden heißt vor ihr kapitulieren: Saša Stanišić. In: Michaela Bürger-Koftis (Hrsg.): *Eine Sprache – viele Horizonte… Die Osterweiterung der deutschsprachigen Literatur. Porträts einer neuen europäischen Generation*. Wien: Praesens 2008, S. 53–63.

Genette, Gérard: *Paratexte. Das Buch vom Beiwerk des Buches*, aus d. Franz. v. Harald Weinrich. Frankfurt am Main: Suhrkamp 2001.

—: *Die Erzählung*, aus d. Franz. v. Andreas Knop. Paderborn: Fink 2010.

Großes vollständiges Universal Lexikon aller Wissenschaften und Künste, Bd. 3, hrsg. v. Johann Heinrich Zedler. Halle / Leipzig 1732, S. 654.

Gutjahr, Ortrud: Alterität und Interkulturalität. In: Claudia Benthien / Hans Rudolf Velten (Hrsg.): *Germanistik als Kulturwissenschaft. Eine Einführung in neue Theoriekonzepte.* Reinbek: Rowohlt 2002, S. 345–369.

—: Interkulturalität als Forschungsparadigma der Literaturwissenschaft. Von den Theoriedebatten zur Analyse kultureller Tiefensemantiken. In: Dieter Heimböckel / Irmgard Honnef-Becker / Georg Mein / Heinz Sieburg (Hrsg.): *Zwischen Provokation und Usurpation. Interkulturalität als (un)vollendetes Projekt der Literatur- und Sprachwissenschaften.* München: Fink 2010, S. 17–39.

—: Interkulturalität als Forschungsparadigma und Herausforderung der Germanistik. In: Dies. / Deniz Göktürk / Alexander Honold (Hrsg.): *Interkulturalität als Herausforderung und Forschungsparadigma der Literatur- und Medienwissenschaft. Sektion 21. Akten des XII. Internationalen Germanistenkongresses Warschau 2010. Vielheit und Einheit der Germanistik weltweit*, Bd. 12, hrsg. v. Franciszek Grucza. Frankfurt am Main: Lang 2012, S. 17–22.

Ha, Kien Nghi: *Hype um Hybridität. Kultureller Differenzkonsum und postmoderne Verwertungstechniken im Spätkapitalismus.* Bielefeld: Transcript 2005.

Haines, Bigrid: The Eastern Turn in Contemporary German, Swiss and Austrian Literature. In: *Journal of Contemporary Central and Eastern Europe* 16,2 (2008), S. 135–149.

—: Saša Stanišić, *Wie der Soldat das Grammofon repariert*: Reinscribing Bosnia, or: Sad Things Positively. In: Lyn Marven / Stuart Taberner (Hrsg.): *Emerging German-Language Novelists of the Twenty-First Century.* Rochester / New York: Camden House 2011, S.105–118.

Hausbacher, Eva: Migration und Kultur: Transnationale Schreibweisen und ihre postkoloniale Lektüre. In: Gisella Vorderobermeier / Michaela Wolf (Hrsg.): *„Meine Sprache grenzt mich an ...". Transkulturalität und kulturelle Übersetzung im Kontext von Migration.* Wien / Münster: Lit 2008, S. 51–78.

Heine, Heinrich: Geständnisse. Geschrieben im Winter 1854. In: Ders.: *Historisch-kritische Gesamtausgabe der Werke*, Bd. 15: Geständnisse, Memoiren und kleinere autobiographische Schriften, hrsg. v. Manfred Windfuhr. Hamburg: Hoffmann & Campe 1982, S. 9–57.

Hemon, Aleksandar: *Lazarus,* aus d. Amerik. v. Rudolf Hermstein. München: Knaus 2009.

Hofmann, Michael: Die Vielfalt des Hybriden. Zafer Şenocak als Lyriker, Essayist und Romancier. In: Heinz Ludwig Arnold (Hrsg.): *Literatur und Migration.* München: Text + Kritik 2006, S. 47–58.

—: *Interkulturelle Literaturwissenschaft. Eine Einführung.* Paderborn. Fink 2006.

Hübner, Klaus: Rezension zu: Marica Bodrožić: Das Gedächtnis der Libellen. In: *Spiegelungen. Zeitschrift für deutsche Kultur und Geschichte Südosteuropas* 6,4 (2011), S. 407–409.

Iljassova-Morger, Olga: Transkulturelle Herausforderungen der interkulturellen Hermeneutik: Von der Reduktion zur Entfaltung. In: Dies. / Elke Reinhardt-Becker (Hrsg.): *Literatur – Kultur – Verstehen. Neue Perspektiven in der interkulturellen Literaturwissenschaft.* Duisburg: Universitätsverlag Rhein-Ruhr 2009, S. 15–32.

—: *Von der interkulturellen zur transkulturellen literarischen Hermeneutik.* Duisburg: Universitätsverlag Rhein-Ruhr 2009.

Kilchmann, Esther / Andreas Pflitsch / Franziska Thun-Hohenstein: Einleitung. Von Osten her gesehen: Europa als Topographie pluraler Kulturen. In: Dies. (Hrsg.): *Topographien pluraler Kulturen. Europa von Osten her gesehen.* Berlin: Kadmos 2011, S. 7–20.

Kliems, Alfrun: Transkulturalität des Exils und Translation im Exil. In: *Exilforschung* 25 (2007): Übersetzung als transkultureller Prozess, S. 30–49.

Körte, Mona: *Die Uneinholbarkeit des Verfolgten. Der Ewige Jude in der literarischen Phantastik.* Frankfurt am Main / New York: Campus 2000.

Konstantinović, Zoran: *Deutsch-serbische Begegnungen. Überlegungen zur Geschichte der gegenseitigen Beziehung zweier Völker.* Berlin: Gerlinghoff 1997.

Krohn, Claus-Dieter: Vorwort. In: *Exilforschung* 27 (2009): Exil, Entwurzelung, Hybridität, S. I–VII.

Lovrić, Goran: Literarische Reisen im Nachkriegsbosnien. Reisebericht oder Selbsterkenntnisprinzip? In: Ders. / Slavija Kabić (Hrsg.): *Mobilität und Kontakt. Deutsche Sprache, Literatur und Kultur in ihrer Beziehung zum südosteuropäischen Raum.* Zadar: Sveuciliste u Zadru 2009, S. 369–378.

Lützeler, Paul Michael: Exilforschung: interdisziplinäre und interkulturelle Aspekte. In: Herlmut E. Pfanner (Hrsg.): *Kulturelle Wechselbeziehungen im Exil – Exile across Cultures.* Bonn: Bouvier 1986, S. 358–364.

Mahrdt, Helgard: Philosophischer Kontext, österreichische literarische Tradition und Geschlechterproblematik in Ingeborg Bachmanns Prosa. In: *Trans. Internet-Zeitschrift für Kulturwissenschaften* 7 (1999). http://www.inst.at/trans/7Nr/mahrdt7.htm (Zugriff am 22.08.2016).

Messner, Elena: ‚Literarische Interventionen' deutschsprachiger Autoren und Autorinnen im Kontext der Jugoslawienkriege der 1990er. In: Carsten Gansel / Heinrich Kaulen (Hrsg.): *Kriegsdiskurse in Literatur und Medien nach 1989.* Göttingen: V&R unipress 2011, S. 107–118.

Millner, Alexandra: Großmama packt aus – Enkelkind schreibt auf. Großeltern, Krieg und Migration in deutschsprachigen Romanen (2000–2010). In: Joanna Drynda (Hrsg.): *Zwischen Aufbegehren und Anpassung. Poetische Figurationen von Generationen und Generationserfahrungen in der österreichischen Literatur.* Frankfurt am Main: Lang 2012, S. 309–323.

Mojašević, Miljan: *Jacob Grimm und die serbische Literatur und Kultur.* Marburg: Hitzeroth 1990.

Mora, Térezia: *Alle Tage.* München: Luchterhand 2004.

—: Das Kreter-Spiel. http://www.tereziamora.de/downloads/Kreter-Spiel.pdf (Zugriff am 22.08.2016).

Müller, Herta: In jeder Sprache sitzen andere Augen. In: Dies.: *Der König verneigt sich.* München: Hanser 2003, S. 7–39.

Narloch, Sandra: Der „Chefgenosse des Unfertigen". In: *exilograph* 21 (2013/4), S. 9–10.

Obreht, Téa: *Die Tigerfrau,* aus d. Engl. v. Bettina Abarbanell. Reinbek: Rowohlt 2013.

Payne, Charlton: How the Exiled Writer Makes Refugee Stories Legible: Saša Stanišić Wie der Soldat das Grammofon repariert. In: *Gegenwartsliteratur. Ein germanistisches Jahrbuch* 13 (2014), S. 321–339.

Prcic, Ismet: *Scherben,* aus d. Amerik. v. Conny Lösch. Berlin: Suhrkamp 2013.

Previšić, Boris: Die topologische Festschreibung Südosteuropas aus dem Geist der Dichtung. Goethe und Vuk Karadžić. In: *Colloquium Helveticum* 39 (2008), S. 139–156.

—: Eine Frage der Perspektive: Der Balkankrieg in der deutschen Literatur. In: Evi Zemanek / Susanne Krones (Hrsg.): *Literatur der Jahrtausendwende. Themen, Schreibverfahren und Buchmarkt um 2000.* Bielefeld: Transcript 2008, S. 95–106.

—: Poetologie und Politik: Peter Handkes *Winterliche Reise.* In: Olga Iljassova-Morger / Elke Reinhardt-Becker (Hrsg.): *Literatur – Kultur – Verstehen. Neue Perspektiven in der interkulturellen Literaturwissenschaft.* Duisburg: Universitätsverlag Rhein-Ruhr 2009, S. 107–122.

—: Poetik der Marginalität: *Balkan Turn* gefällig? In: Helmut Schmitz (Hrsg.): *Von der nationalen zur internationalen Literatur. Transkulturelle deutschsprachige Literatur und Kultur im Zeitalter globaler Migration.* Amsterdam / New York: Rodopi 2009, S. 189–203.

—: Zwischen Diskursivität und Faktualität: Interkulturalität und literarische Imagination auf dem balkanischen Prüfstand des jugoslawischen Zerfalls. In: Dieter Heimböckel / Irmgard Honnef-Becker / Georg Mein / Heinz Sieburg (Hrsg.): *Zwischen Provokation und Usurpation. Interkulturalität als (un)vollendetes Projekt der Literatur- und Sprachwissenschaften.* München: Fink 2010, S. 191–203.

—: Wo beginnt die Geschichte? Der Zerfall Jugoslawiens und Peter Handkes permanente Metalepsen. In: Jacek Rzeszotnik (Hrsg.): *Schriftstellerische Autopoiesis.* Darmstadt: Büchner 2011, S. 79–96.

—: *Literatur topographiert. Der Balkan und die postjugoslawischen Kriege im Fadenkreuz des Erzählens.* Berlin: Kadmos 2014.

Previšić, Boris / Martina Baleva (Hrsg.:) *„Den Balkan gibt es nicht." Erbschaften im südöstlichen Europa.* Köln / Weimar / Wien: Böhlau 2016.

Radisch, Iris: Der Krieg trägt Kittelschürze. Saša Stanišić schreibt seinen ersten Roman über den Bosnienkrieg und stolpert über die Poesie des Kindlichen. In: *Die Zeit,* 06.10.2006. http://www.zeit.de/2006/41/L-Stanisic (Zugriff am 22.08.2016).

Radkov, Wesselin: Politisches Engagement und soziale Probleme in den Balkanbänden Karl Mays. In: Dieter Sudhoff / Hartmut Vollmer (Hrsg.): *Karl Mays Orientzyklus.* Paderborn: Igel 1991, S. 240–254.

Ricœur, Paul: *Das Selbst als ein Anderer,* aus dem Franz. v. Jean Greisch. München: Fink 2005.

Rock, Lene: Überflüssige Anführungsstriche: Grenzen der Sprache in Terézia Moras *Alle Tage* & Saša Stanišić' *Wie der Soldat das Grammophon repariert.* In: *Germanica* 51 (2012), S. 2–12.

Rohe, Simone: Karl May und der Balkan: Verbreitung von Vorurteilen? In: *Deutschland & Europa. Reihe für Politik, Geschichte, Geografie und Kunst* 49 (2005), S. 12–15.

Said, Edward W.: Reflections on Exile [1984]. In: Ders.: *Reflections on Exile and Other Literary and Cultural Essays.* London: Granta 2001, S. 173–186.

Scherpe, Klaus: Die First-Contact-Scene. Kulturelle Praktiken der Begegnung mit dem Fremden. In: Gerhard Neumann / Sigrid Weigel (Hrsg.): *Lesbarkeit der Kultur. Literaturwissenschaft zwischen Kulturtechnik und Ethnographie.* München: Fink 2000, S. 149–167.

Schönbach, Ralf: „Zu einem guten Kartenleser gehört schon Etwas." Die Quellen der Balkan-Romane Karl Mays. In: Dieter Sudhoff / Hartmut Vollmer (Hrsg.): *Karl Mays Orientzyklus.* Paderborn: Igel 1991, S. 202–218.

Sexl, Martin: Literatur als Bildkritik. Peter Handke und die Jugoslawienkriege der 1990er Jahre. In: Carsten Gansel / Heinrich Kaulen (Hrsg.): *Kriegsdiskurse in Literatur und Medien nach 1989. Mit 40 Abbildungen.* Göttingen: V&R unipress 2011, S. 89–106.

Sexl, Martin / Arno Gisinger: *Hotel Jugoslavija. Die literarische und mediale Wahrnehmung der Balkankonflikte.* Innsbruck: Studienverlag 2008.

Sommer, Roy: Interkulturalität. In: *Metzler Lexikon Literatur- und Kulturtheorie,* hrsg. v. Ansgar Nünning. Stuttgart, Weimar: Metzler 2004, S. 295–296.

Spies, Bernhard: Exilliteratur – ein abgeschlossenes Kapitel? Überlegungen zu Stand und Perspektiven der literaturwissenschaftlichen Exilforschung. In: *Exilforschung* 14 (1996): Rückblick und Perspektiven, S. 11–30.

Straňaková, Monika: Saša Stanišić. *Wie der Soldat das Grammofon repariert.* In: *Focus on German Studies* 14 (2007), S. 196–199.

—: Ilja, Tag und Nacht. Marica Bodrožić lotet in ihren eigensinnigen Roman „Das Gedächtnis der Libellen" die Abgründe einer schmerzhaften Selbstwerdung aus. http://literaturkritik.de/public/rezension.php?rez_id=15286 (Zugriff am 22.08.2016).

Sudhoff, Dieter / Hartmut Vollmer: Einleitung. In: Dies. (Hrsg.): *Karl Mays Orientzyklus.* Paderborn: Igel 1991, S. 7–30.

Sundhaussen, Holm: *Der Einfluß der Herderschen Ideen auf die Nationsbildung bei den Völkern der Habsburger Monarchie.* München: Oldenbourg 1973.

—: Europa balcanica. Der Balkan als historischer Raum Europas. In: *Geschichte und Gesellschaft* 25,4 (1999), S. 627–653.

—: *Geschichte Serbiens. 19. bis 21. Jahrhundert.* Wien / Köln / Weimar: Böhlau 2007.

Tawada, Yoko: Eigentlich darf man es niemandem sagen, aber Europa gibt es nicht. In: Dies.: *Talisman. Erzählungen.* Tübingen: Konkursbuch 2008, S. 46–58.

Thomas, Katja: *Poetik des Zerstörten. Zum Zusammenspiel von Text und Wahrnehmung bei Peter Handke und Juli Zeh.* Saarbrücken: Dr. Müller 2007.

Todorova, Maria: *Die Erfindung des Balkans. Europas bequemes Vorurteil,* aus d. Engl. v. Uli Twelker. Darmstadt: WBG 1999.

—: Der Balkan als Analysekategorie: Grenzen, Raum, Zeit. In: *Geschichte und Gesellschaft* 28,3 (2002), S. 470–493.

—: Historische Vermächtnisse als Analysekategorie. Der Fall Südosteuropa. In: Karl Kaser / Dagmar Gramshammer-Hohl / Robert Pichler (Hrsg.): *Europa und die Grenzen im Kopf.* Klagenfurt: Wieser 2004, S. 227–252.

Wagner, Karl: *Weiter im Blues. Studien und Texte zu Peter Handke.* Bonn: Weidle 2010.

Weigel, Sigrid: *Ingeborg Bachmann. Hinterlassenschaft unter der Wahrung des Briefgeheimnisses*. München: dtv 2003.

Weiss, Peter: Laokoon oder Über die Grenzen der Sprache: In: Ders.: *Rapporte*. Frankfurt am Main: Suhrkamp 1968, S. 170–187.

Welsch, Wolfgang: Transkulturalität. Zwischen Globalisierung und Partikularisierung. In: Paul Drechsel (Hrsg.): *Interkulturalität – Grundprobleme der Kulturbegegnung*. Mainz: Studium generale 1998, S. 45–72.

Wierlacher, Alois: Mit fremden Augen oder: Fremdheit als Ferment. Überlegungen zur Begründung einer interkulturellen Hermeneutik deutscher Literatur. In: Ders. (Hrsg.): *Das Fremde und das Eigene. Prolegomena zu einer interkulturellen Germanistik*. München: Iudicium 1985, S. 3–28.

Würmann, Carsten: Ausgerechnet Bosnien-Herzegowina. Gründe fürs Reisen in Juli Zehs Bericht über eine Fahrt durch Bosnien. In: Christiane Caemmerer / Walter Delabar / Helga Meise (Hrsg.): *Fräuleinwunder literarisch. Literatur von Frauen zu Beginn des 21. Jahrhunderts*. Frankfurt am Main / Berlin: Lang 2005, S. 151–173.

Zeh, Juli: Rede zur Preisverleihung. In: *Friedrich Hölderlin Preis. Reden zur Preisverleihung am 7. Juni. Stadt Bad Homburg vor der Höhe: Magistrat der Stadt Bad Homburg v. d. Höhe*. Bad Homburg: Stiftung Cläre Janssen 2003, S. 21–28.

Zeh, Juli / David Finck / Oskar Terš (Hrsg.): *Ein Hund läuft durch die Republik. Geschichten aus Bosnien*. Frankfurt am Main: Schöffling 2004.

Žižek, Slavoj: Underground oder: Die Poesie der ethnischen Säuberung. In: *ÖZG* 8,4 (1997), S. 587–593.